经济管理学术文库·管理类

新型城镇化与产业集聚互动发展研究

Research on the Interactive Development of New Urbanization and Industrial Agglomeration

张晋晋／著

经济管理出版社
ECONOMY & MANAGEMENT PUBLISHING HOUSE

图书在版编目（CIP）数据

新型城镇化与产业集聚互动发展研究/张晋晋著. —北京：经济管理出版社，2022.6
ISBN 978-7-5096-8513-6

Ⅰ.①新… Ⅱ.①张… Ⅲ.①城市化—研究—中国 ②产业集群—研究—中国
Ⅳ.①F299.21 ②F269.23

中国版本图书馆 CIP 数据核字(2022)第 099601 号

组稿编辑：张巧梅
责任编辑：张巧梅 白 毅
责任印制：黄章平
责任校对：董杉珊

出版发行：经济管理出版社
（北京市海淀区北蜂窝 8 号中雅大厦 A 座 11 层 100038）
网 址：www.E-mp.com.cn
电 话：（010） 51915602
印 刷：唐山昊达印刷有限公司
经 销：新华书店
开 本：720mm×1000mm/16
印 张：11.25
字 数：183 千字
版 次：2022 年 7 月第 1 版 2022 年 7 月第 1 次印刷
书 号：ISBN 978-7-5096-8513-6
定 价：88.00 元

前　言

城镇和产业之间存在着天然的互动关系，可以促进二者良性互动发展，培育新型城镇化的动力机制，同时拓展产业的发展空间。党的十八大以来，新型城镇化建设加速推进，我国城镇化正在由速度型向速度和质量并重转变，在高质量发展的要求下，新型城镇化和产业集聚“双轮”驱动，这是新一轮经济增长的重要推动力，也是经济结构调整的必然要求。集聚经济是城镇发展的内核，而产业集聚是集聚经济的根本，通过前期数据观测发现，新型城镇化与产业集聚之间存在互动关系。那么其背后的内在机理是什么？推而广之，不同类型的产业集聚（制造业、生产性服务业、生活性服务业、公共服务业）与新型城镇化有着怎样的关系？制造业的集聚方式、服务业的集聚方式对新型城镇化又有着怎样的影响？解决上述问题具有重要的意义，一方面，在理论上可进一步完善集聚经济理论、丰富区域协调发展理论和深化城镇化相关理论；另一方面，在实践上可以为城镇和产业发展提供方向，以及为区域发展主体的行为选择提供决策参考。

本书在梳理相关文献的基础上，基于我国283个地级及以上城市2003~2017年新型城镇化发展的各项指标数据与制造业、14个细分服务业从业人员数据，提出了新型城镇化阶段判别标准，构建了新型城镇化评价指标体系，阐述了产业集聚评价指标区位商和行业集中度，并依据这两项指标描述了我国新型城镇化和产业集聚的发展现状。在此基础上，从理论上探讨了新型城镇化与产业集聚的内在关系，认为在根植机制、强化机制、创新机制、选择机制的共同作用下，城镇系统与产业系统在资源禀赋、产业结构、空间布局、发展环境方面不断交互耦合，是以资源禀赋为基础，以居民和企业追求高收益为动力，以集聚效应提高劳动生产率为吸引，以资源禀赋改变促进产业结构升级、城镇功能提升的互动过程。

根据上述研究问题和理论框架，本书从新型城镇化与产业集聚的关系、产业集聚方式对新型城镇化影响的视角出发，提出了三个理论假说：①新型城镇化、公共服务业、制造业、生产性服务业、生活性服务业之间相互联系、相互影响、互促共进。②在制造业集聚方式方面，在新型城镇化初期、中前期，主要是制造业的相对专业化集聚对新型城镇化的推动效应；进入新型城镇化中后期，制造业的相对多样化集聚对新型城镇化的推动效应更为明显。③在服务业集聚方式方面，由于服务业的特殊性，服务业的相对多样化集聚对新型城镇化的推动效应更为明显，且随着新型城镇化水平的提高，服务业的相对多样化集聚对新型城镇化的推动效应增强。

本书根据理论假说建立计量模型，得出了以下结论：

第一，考察了新型城镇化、制造业集聚、公共服务业集聚、生产性服务业集聚、生活性服务业集聚之间的关系。通过构建 PVAR 模型，采用面板 Granger 因果检验、脉冲响应、方差分解进行分析，结果表明，新型城镇化、公共服务业、制造业、生产性服务业、生活性服务业相互联系、相互影响、互促共进。由于根植机制、强化机制、创新机制、选择机制的共同作用，单纯靠推动自身的发展来追求自身的发展不具有可持续性，单纯地推动某一方面的发展来追求其他几方面的发展也不具有可持续性。新型城镇化、公共服务业、制造业、生产性服务业、生活性服务业短期内主要受自身的影响，但长期相互影响，且自身对自身的作用逐渐减弱，而相互之间的作用逐渐增强。伴随着新型城镇化的发展，制造业、生产性服务业、服务业先后呈现出这种趋势。新型城镇化需要匹配合适的产业，因此有必要根据新型城镇化的发展水平，加强新型城镇化与各类产业集聚的互动关系，依托城镇的资源禀赋优势、基础设施优势、发展环境优势，促进相关产业的集聚发展，而产业的发展又会反过来促进城镇功能提升。

第二，考察了制造业的产业集聚方式对新型城镇化的影响。构建了动态面板数据模型，采用系统 GMM 方法进行估计，实证探讨了全国地级市整体层面制造业的相对专业化集聚与相对多样化集聚对新型城镇化的影响。结果表明，无法得出制造业相对专业化集聚、相对多样化集聚可以促进新型城镇化水平提高的确定性结论。这或许是因为在不同的产业规模的城市或者不同的新型城镇化发展水平的城市，制造业的相对专业化集聚和相对多样化集聚产生的效果不尽相同，这会抵消其在全国地级市层面对新型城镇化产生的影响。之后，通过引入代表城市规模和新型城镇化水平大小的虚拟变量，进一步发现，无论是以城市规模还是以新型城镇化发展水平作为城市分类标准进行分组回归，大城市、新型城镇化综合指数中上的城市都主要受制造业部门多样化集聚的促进效应的影响；而中等城市和小城市、新型城镇化水平中下及较低的城市主要受制造业相对专业化集聚的影响。

第三，考察了服务业的产业集聚方式对新型城镇化的影响。构建了动态面板数据模型，采用系统 GMM 方法进行估计，实证探讨了全国地级市整体层面服务业的相对专业化集聚与相对多样化集聚对新型城镇化的影响，结果表明，服务业的相对多样化集聚能够促进新型城镇化水平的提升，服务业的相对专业化集聚可能阻碍新型城镇化发展。这或许是因为在选择机制的作用下，服务业的相对多样化集聚更有利于满足消费者的多样化需求，吸引大量的人口聚集于此，从而扩大消费市场，促进更多企业的集聚，在根植机制、强化机制的作用下，形成循环累积效应；在创新机制的作用下，多样化的服务业也更有利于知识和技术的传播和学习，进而增强企业的创新能力。而服务业的过度专业化集聚可能会降低资源配置成效，同时也无法满足居民的消费需求。之后，通过引入代表城市规模大小和新型城镇化水平高低的虚拟变量，进一步发现，对于城市而言，不管城市规模有多大、新型城镇化发展水平有多高，都需要服务业的相对多样化集聚，并且规模越大、新型城镇化水平越高的城市，服务业的相对多样化集聚对新型城镇化的促进作用越强；而服务业的相对专业化集聚对新型城镇化可能会产生消极影响，且规模越小、新型城镇化水平越低的城市，服务业的相对专业化集聚对新型城镇化的负面影响越强。这表明，在选择机制的作用下，服务业的相对多样化集聚更能满足居民多样化的消费需求，此外，在根植机制和强化机制的作用下，多样化的集聚可以促进不同行业间的信息交流和互动，由于创新机制的存在，能够进一步推动技术创新。

总体上，新型城镇化与产业集聚之间的互动是资源禀赋、产业结构、空间布局、发展环境四个方面相互融合和跃迁升级的过程。而互动层次能否顺利融合和跃迁，取决于新型城镇化与产业集聚互动的根植机制、强化机制、创新机制和选择机制能否根据互动阶段的变化做出适应性的调整和改变。

目　录

第1章　导论

城镇和产业之间存在着天然的互动关系，通过二者的良性互动，可以培育新型城镇化的动力机制，也可以拓展产业的发展空间。在高质量发展的要求下，新型城镇化和产业集聚双轮驱动，是新一轮经济增长的重要推动力，也是经济结构调整的必然要求。作为导论，本章包含以下四个方面的内容：阐述背景及意义，提出本书的研究思路与研究方法，简要介绍本书的研究内容，概括本书的主要创新和需要进一步探讨的问题。

1.1　选题背景及意义

1.1.1　选题背景

改革开放以来，随着经济的快速增长和工业化的快速推进，中国的城镇化呈现出加速发展的趋势，城镇化的带动作用不断增强。1978～2019年，中国的城镇常住人口由1.72亿人增加到8.48亿人，年均新增城镇常住人口1649万人；常住人口城镇化率由17.92%上升到60.60%，年均提高1.04个百分点，这样的规模和速度在世界上都是少见的。然而，值得注意的是，中国目前的城镇化面临着质量不高的问题，2019年中国户籍人口城镇化率为44.38%，与常住人口城镇化率相差16.22个百分点。此外，传统城镇化进程中还面临着产城融合、土地利用、生态环境等方面的诸多矛盾和问题，这就要求必须寻求适合中国的城镇化道路，而关于新型城镇化道路的探讨已有 10 多年。2002 年，中共十六大报告明确指出“走中国特色的城镇化道路”；2007 年，中共十七大报告指出“走中国特色城镇化道路”；2013 年，中共十八届三中全会上明确提出“坚持走中国特色新型城镇化道路，推进以人为核心的城镇化”；2014 年 3 月，国务院发布的《国家新型城镇化规划（2014—2020 年）》提出“全面提高城镇化质量”；2019 年，国务院《政府工作报告》中提出“促进区域协调发展，提高新型城镇化质量”；2019 年 4 月，国家发展和改革委员会发布了《2019 年新型城镇化建设重点任务》；2020 年，国务院《政府工作报告》中提出“深入推进新型城镇化”，这对于推动新型城镇化高质量发展具有重大意义。

随着改革开放的深入，我国逐渐放宽了人口流动限制，大量农村劳动力为了获得更高收入，到城市中从事第二产业和第三产业，推动着城镇化的发展，与此同时，产业结构也在发生着重大变化，1978~2019 年，产业结构由 27.7∶47.7∶24.6 转变为 7.1∶39.0∶53.9，第三产业发展尤为迅速。农村劳动力的流动使得农村居民人均可支配收入增加，有利于缩小城乡居民收入差距，同时也为第二产业和第三产业的发展提供了大量劳动力及产业需求，进一步促进了产业发展。在高质量发展的要求下，正确认识新型城镇化与产业集聚之间的互动关系，对实现产城人融合的高质量发展具有重要的现实意义。

新型城镇化与产业集聚之间相互促进，二者共同推动经济发展与社会进步，而二者之间相互促进的关键在于城市产业结构的合理演变。产业集聚的方式分为多样化集聚和专业化集聚，对于城市而言，产业的多样化集聚是绝对的，产业的专业化集聚是相对的，多样化集聚与专业化集聚是同时存在的。什么样的产业、什么样的集聚方式占主导地位，取决于城市所处的区域和所处的发展阶段。不同产业的集聚以及不同的集聚方式将会产生不同的集聚效应，同一个行业的企业在空间上的集聚为产业专业化集聚；多个行业的企业在空间上的集聚为产业多样化集聚。城市产业集聚的过程中必然呈现出多样化集聚和专业化集聚，那么，哪种集聚方式占主导更有助于推进新型城镇化？这个问题值得进一步探索。因此，本书基于演化经济学，揭示新型城镇化与产业集聚二者之间的互动机理，并对二者之间的关系进行实证分析。本书将尝试解决以下问题：新型城镇化与产业集聚是否存在某种演化规律？新型城镇化与产业集聚二者之间是否存在动态互动发展的关系？如何建立合理的产业发展顺序，促进制造业集聚还是促进服务业集聚？促进多样化集聚还是促进专业化集聚？怎样在一个城市或一个区域内实现新型城镇化与产业集聚二者之间的动态互动发展？为此，本书在理论分析的基础上，拟建立模型通过计量方法对新型城镇化与产业集聚二者之间的动态互动关系进行深入分析。

1.1.2 研究意义

1.1.2.1 理论意义

作为人类社会经济活动的重要表征，城镇化与产业集聚的演进过程必然遵循基本规律，这种规律是自然条件与社会经济要素、全球背景与国内环境综合作用的结果。我国改革开放40多年来的城镇化和产业发展问题，是西方国家100多年城镇化和工业化道路中不同阶段、不同问题的多侧面叠加体现。因此，基于我国城镇化与产业发展的现实，立足于发展的视角探讨新型城镇化与产业集聚的问题显得尤为必要，而要透过发展看发展，就必须将城市发展与产业发展同时纳入研究框架中。我国的城镇化与产业集聚的格局与过程既遵循城镇化过程以及产业集聚与扩散的普遍规律，也受到国情和政策的影响，同时更面临着经济新常态、供给侧改革的挑战以及新型城镇化战略和高质量发展的引导。因此，在探索培育区域发展新动能、产业转型升级以及提升新型城镇化质量的背景下，深入剖析新型城镇化与产业集聚二者之间的内在作用机理，从总体上探索中国新型城镇化与产业集聚二者之间的动态互动关系显得尤为重要。①拓展目前多数研究主要从产业集聚对新型城镇化的影响或者新型城镇化对产业集聚的影响这种单向影响关系的角度，深入分析新型城镇化水平的提高与产业集聚变化两者之间的互动因果关系，从而系统地认识新型城镇化与产业集聚二者之间的动态互动关系。②拓展目前多数研究仅仅从制造业集聚或者服务业集聚单一行业角度分析产业集聚对新型城镇化的影响，从更多细分行业的产业集聚角度进行分析，即从制造业、服务业（进一步细分为生产性服务业、生活性服务业和公共服务业）的角度分析不同产业类别的产业集聚与新型城镇化之间的互动关系。③分析制造业、服务业不同的产业集聚方式（相对专业化集聚、相对多样化集聚）对新型城镇化的影响。具体而言，本书将重点开展新型城镇化水平和产业集聚水平的测度研究，划分新型城镇化阶段，构建新型城镇化与产业集聚二者之间互动的理论框架，并在此基础上开展新型城镇化与产业集聚互动关系的实证研究，这有助于进一步丰富城镇化和产业集聚方面的理论。

1.1.2.2 实践意义

立足于我国当前城镇化发展的现实，可以发现，虽然在过去 40 多年里我国的城镇化实现了举世瞩目的快速增长，然而，与发达国家相比，在城镇化质量及产业集聚效应方面仍然还有很大的差距。数据显示，我国当前三大产业的产值结构与美国 20 世纪 40 年代和英国 19 世纪 80 年代的产值结构相当，就业结构与美国 20 世纪初和英国 19 世纪早期水平相当（朱昊，2017）。由此可见，我国产业结构转型升级的道路上还有许多问题需要解决。同时我们必须注意到，尽管我国各地已经呈现出新型城镇化与产业集聚互动发展的态势，但是各个地方的发展绩效却大有不同。这可能是因为各地所处的发展阶段不同、产业结构不同，产业集聚的效应也不尽相同，因此，必须考虑产业结构演变过程中的集聚效应。此外，世界银行（2009）的发展报告《2009 年世界发展报告：重塑世界经济地理》揭示了城市在国家和区域发展中的重要作用。由此，本书将基于城市视角，构建新型城镇化与产业集聚二者之间互动的理论框架，在此基础上，深入分析制造业、生产性服务业、生活性服务业、公共服务业、新型城镇化之间的动态互动关系，以及制造业、服务业不同的产业集聚方式对新型城镇化的影响，进而提出如何促进新型城镇化与产业集聚良性互动（即资源与效率的统一、生产和生活的互动、居住与服务的和谐、经济与环境的协调）的政策含义，可以为国家和地方推进城镇化战略、制定城镇化相关政策提供重要依据和参考，也便于各地在推进城镇化过程中寻求突破口和切入点，少走弯路。此外，还为地方企业和个体的区位选择指明了方向。在空间集聚扩散规律的作用下，城市内部空间结构不断发生变化，各个城市所处的城镇化发展阶段不断发生调整，这种调整将对作为城市微观主体的生产者企业和消费者个体的生产生活成本产生重要的影响。因此，本书的研究将为地方企业和个体的区位选择指明方向，推动企业和人口在区域空间上有序流动。

1.2 研究思路与研究方法

1.2.1 研究思路

在探索培育区域发展新动能、产业转型升级和提高新型城镇化质量的背景下，新型城镇化与产业集聚二者的演进规律、互动机制及其动态互动的过程成为学术研究和政策关注的焦点。一方面，我国改革开放40多年来的城镇化和产业发展存在许多问题；另一方面，为了有效推进新型城镇化，党中央、国务院先后出台了一系列重大举措。目前出台的一系列规划政策文件，已经对推进新型城镇化建设进行了顶层设计，目标、方向、战略任务和发展路径已经明确，现在的重点是如何扎实有序地推进，使国家的规划政策能够有效实施。这就使得新型城镇化与产业集聚互动研究具有问题导向和战略导向的双重属性——既要直面当前城镇化和产业发展中存在的突出问题，又要放眼未来我国城镇化速度和质量并重的格局。

基于此，本书遵循“破题—立论—求解—创新”的思路，按照“确定研究问题—寻找理论支撑—实证分析—提出政策含义”的技术路线，逐步推进，形成一个有机的分析整体（见图1-1）。以城市与区域经济学基础理论为依托，融合、借鉴演化经济学、产业经济学、地理学等其他分支学科的理论和分析方法，在对城镇化、新型城镇化、产业集聚的内涵进行科学确定的基础上，提出新型城镇化与产业集聚二者之间互动发展的分析框架，研究探讨制造业、生产性服务业、生活性服务业、公共服务业、新型城镇化之间的动态互动关系，以及制造业、服务业不同的集聚方式（相对专业化集聚、相对多样化集聚）对新型城镇化的影响差异，最后结合研究结论提出政策含义，供有关政府部门参考。

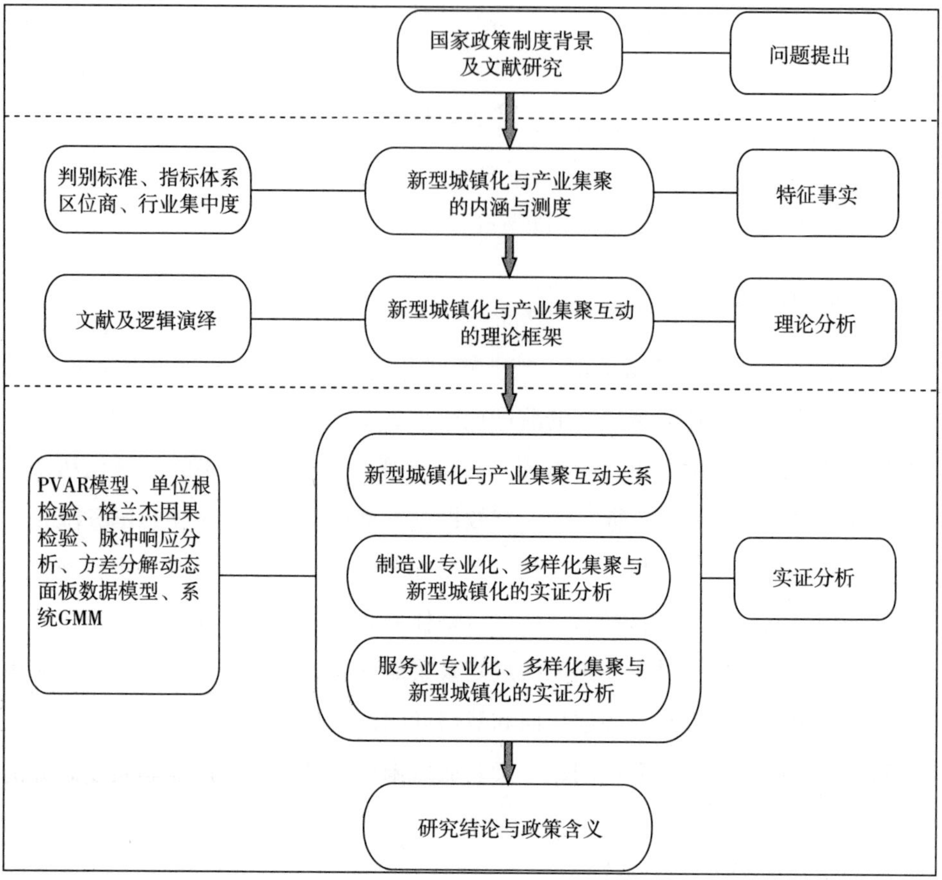

国家政策制度背景及文献研究
问题提出
判别标准、指标体系区位商、行业集中度
新型城镇化与产业集聚的内涵与测度
特征事实
文献及逻辑演绎
新型城镇化与产业集聚互动的理论框架
理论分析
PVAR模型、单位根检验、格兰杰因果检验、脉冲响应分析、方差分解动态面板数据模型、系统GMM
新型城镇化与产业集聚互动关系
制造业专业化、多样化集聚与新型城镇化的实证分析
服务业专业化、多样化集聚与新型城镇化的实证分析
实证分析
研究结论与政策含义

图 1-1　研究思路与框架

1.2.2　研究方法

本书将采取整体的结构主义方法、理论分析和实证分析法、重视数据分析和定量研究法、静态分析与动态分析法、比较分析法，综合运用区域经济学、演化经济学、城市经济学、产业经济学、新经济地理学、统计学、计量经济学等相关学科的理论，对中国新型城镇化与产业集聚二者之间的动态互动关系进行多方位、多视角的综合研究，力求理论和方法论的创新。

整体的结构主义方法：综合借鉴社会学的研究方法，运用“整体（宏观）—结构（中观）—个体（微观）”三层次分析方法，梳理既有经典文献，

提炼所需的分析结构和分析工具，立体式地研究新型城镇化与产业集聚二者之间互动关系的问题。即微观层次涉及城镇化、新型城镇化、产业集聚内涵的确定、综合评价和阶段划分；中观层次涉及制造业、生产性服务业、生活性服务业、公共服务业、新型城镇化之间的动态互动关系，制造业、服务业的相对专业化集聚、相对多样化集聚对新型城镇化的影响；宏观层次涉及新型城镇化与产业集聚良性互动发展的战略思路与政策创新。

理论分析和实证分析法：本书参考了大量的区域经济学、城市经济学、发展经济学、产业经济学和演化经济地理学等学科的理论，梳理了已有研究的进展，对新型城镇化与产业集聚二者之间的动态互动关系进行了理论分析。在此基础上，构建PVAR模型，通过单位根检验、面板格兰杰因果检验、脉冲响应函数、方差分解对制造业、生产性服务业、生活性服务业、公共服务业、新型城镇化之间的动态互动关系进行深度研究。此外，构建动态面板数据模型，采用系统GMM进一步分析了制造业、服务业的不同产业集聚方式对新型城镇化的影响差异，准确地把握新型城镇化与产业集聚互动发展中的特征与问题，以使对策研究科学、可行。

重视数据分析和定量研究法：在对新型城镇化阶段划分、产业集聚度研究的过程中，收集了大量的数据资料，通过建立评价指标体系，得出与事实较为一致的结论；在对制造业、生产性服务业、生活性服务业、公共服务业、新型城镇化之间的动态互动关系以及制造业、服务业的不同产业集聚方式对新型城镇化的影响差异的实证分析中，注重学科交叉联合的方法，重点运用计量模型进行定量研究。

静态分析与动态分析相结合法：新型城镇化和产业集聚在时间维度上都可以看作是一个动态演进的过程。在考察新型城镇化与产业集聚二者之间的互动关系过程中，需要同时考虑产业结构转变和集聚的短期均衡状况以及长期的动态演化结果。这都要求在具体的研究中做到静态分析与动态分析相结合，既要关注当前态势，也要关注长期趋势。

比较分析法：在本书第6章、第7章的研究中，依据城市规模、新型城镇化综合效用指数对研究样本进行分组，分别对比分析不同城市规模、不同新型城镇化发展水平的城市中，制造业、服务业的相对专业化集聚与相对多样化集聚对新型城镇化的影响。

1.3 研究内容

本书从人类经济活动的基础单元城市层面视角出发，首先对新型城镇化与产业集聚进行了测度；其次构建了新型城镇化与产业集聚二者之间互动发展的理论框架，提出了三个理论假说；再次对提出的假说进行实证分析；最后总结研究结论，并提出政策含义。

1.3.1 新型城镇化与产业集聚的测度

一是基于可比性、动态性、可操作性及数据的可获得性四个原则，综合人口城镇化、经济发展、产业结构、城乡收入差距四个方面的关键指标来表征新型城镇化发展水平，将新型城镇化划分为初期、中前期、中后期、后期四个阶段。根据新型城镇化阶段的判别标准，提出新型城镇化综合评价指标体系，并采用熵值法确定各指标的权重，在此基础上，基于新型城镇化阶段判别标准和指标体系对283个地级及以上城市新型城镇化发展水平进行阶段划分与综合测度。二是采用区位商、行业地理集中度对2003~2017年283个地级及以上城市制造业、生产性服务业、生活性服务业、公共服务业的集聚情况进行分析。三是从整体上概括了新型城镇化与产业集聚发展呈现的特征。

1.3.2 新型城镇化与产业集聚的理论框架

一是分析了新型城镇化与产业集聚二者之间的关系以及产业集聚的阶段性。二是认为新型城镇化与产业集聚是伴随着资源禀赋改变、产业结构升级、空间布局优化、发展环境向好的过程，并从要素禀赋、产业结构、空间布局和发展环境四个方面的耦合来阐述新型城镇化与产业集聚演化发展的内容。三是根据达尔文的生物进化论“遗传、变异和选择”，提出了新型城镇化与产业集聚演化的“根植、强化、创新、选择”四种机制。四是构建了新型城镇化与产业集聚二者之间互动的理论模型，强调新型城镇化与产业集聚的互动是伴随着产业结构优化的升级过程。五是认为新型城镇化与产业集聚是以资源禀赋为基础，以居民和企业追求高收益为动力，以集聚效应提高劳动生产率为吸引，以资源禀赋改变促进产业结构高级化的互动过程，并按新型城镇化的发展阶段来具体阐述新型城镇化与产业集聚二者的互动过程。

1.3.3 新型城镇化与产业集聚的实证分析

一是新型城镇化与产业集聚的动态互动关系，构建 PVAR（面板向量自回归）模型，采用面板 Granger 因果检验、脉冲响应函数、方差分解，基于 2003~2017 年全国 283 个地级及以上城市的新型城镇化综合效用值、制造业集聚度、生产性服务业集聚度、生活性服务业集聚度、公共服务业集聚度五个变量的面板数据，考察五个变量之间的动态互动关系。二是考察制造业相对专业化集聚、相对多样化集聚对新型城镇化的影响，基于中国工业企业数据库的微观数据，以 2003~2010 年全国 273 个地级及以上城市为研究样本，在对制造业相对专业化集聚与相对多样化集聚测度的基础上，构建动态面板数据模型，采用系统 GMM 估计法考察制造业相对专业化集聚、相对多样化集聚对新型城镇化的影响，并从产业集聚规模、新型城镇化发展水平的角度，分别以城市规模、新型城镇化综合效用值为标准对城市进行分组，分类讨论了制造业相对专业化集聚和相对多样化集聚在不同城市内部作用效果的差异。三是考察了服务业相对专业化集聚、相对多样化集聚对新型城镇化的影响，以 2003~2017 年全国 283 个地级及以上城市为研究样本，在对服务业相对专业化集聚与相对多样化集聚测度的基础上，构建动态面板数据模型，采用系统 GMM 估计法考察服务业相对专业化集聚、相对多样化集聚对新型城镇化的影响，并从产业集聚规模、新型城镇化发展水平的角度，分别以城市规模、新型城镇化综合效用值为标准对城市进行分组，分类讨论了服务业相对专业化集聚和相对多样化集聚在不同城市内部作用效果的差异。

1.3.4 研究结论与政策含义

对前文新型城镇化与产业集聚动态互动关系，以及制造业、服务业不同集聚方式对新型城镇化影响的研究所得出的主要结论进行概括和梳理，并在此基础上提出促进新型城镇化与产业集聚二者之间良性互动发展的政策含义。

1.4 主要创新与有待进一步探讨的问题

1.4.1 主要创新

本书在对我国新型城镇化与产业集聚互动关系进行研究的基础上，在以下几方面有较好的创新：

第一，基于新型城镇化与产业集聚二者互动发展的内涵以及动力机制，构建了新型城镇化与产业集聚互动的理论框架。认为城镇系统和产业系统都是动态的、复杂的系统，具有不同的行为特征和网络结构，二者之间相互影响、相互适应。在根植机制、强化机制、创新机制、选择机制的共同作用下，城镇系统与产业系统在资源禀赋、产业结构、空间布局、发展环境四个方面不断交互耦合，是以资源禀赋为基础，以居民和企业追求高收益为动力，以集聚效应提高劳动生产率为吸引，以资源禀赋改变促进产业结构升级、城镇功能提升的互动过程。

第二，构建 PVAR（面板向量自回归）模型，采用面板 Granger 因果检验、脉冲响应函数、方差分解，基于 2003~2017 年全国 283 个地级及以上城市的新型城镇化综合效用值、制造业集聚度、生产性服务业集聚度、生活性服务业集聚度、公共服务业集聚度五个变量的面板数据，考察了新型城镇化与产业集聚二者之间的动态互动关系。认为新型城镇化、公共服务业、制造业、生产性服务业、生活性服务业短期内主要受自身的影响，长期彼此之间相互联系、相互影响、互促共进。

第三，基于中国工业企业数据库的微观数据，以 2003~2010 年全国 273 个地级及以上城市为研究样本，构建动态面板数据模型，采用系统 GMM 估计法考察了制造业相对专业化集聚、相对多样化集聚对新型城镇化的影响，认为在全国范围内，无法得出制造业相对专业化集聚、相对多样化集聚可以促进新型城镇化发展的确定性结论。进一步从产业集聚规模、新型城镇化发展水平的角度，分别以

城市规模、新型城镇化综合效用值为标准对城市分组进行探讨，认为对于大城市及新型城镇化发展水平较高的城市来说，多样化的制造业部门能够显著地推动新型城镇化发展；对于中等城市和小城市及新型城镇化综合指数中下、较低的城市来说，专业化的制造业部门更加有利于新型城镇化发展。

第四，以2003~2017年全国283个地级及以上城市为研究样本，构建动态面板数据模型，采用系统GMM估计法对服务业相对专业化集聚、相对多样化集聚与新型城镇化之间的关系进行实证分析，认为服务业的相对多样化集聚能够有效地推动新型城镇化发展，而服务业的相对专业化集聚会阻碍新型城镇化发展。进一步从产业集聚规模和新型城镇化发展水平的角度，分别以城市规模、新型城镇化综合效用值为标准对城市进行分组探讨，认为不管城市规模是大是小、新型城镇化发展水平是高是低，都需要服务业的相对多样化集聚，并且规模越大、新型城镇化水平越高的城市，服务业的相对多样化集聚的促进作用越强；服务业的相对专业化集聚对新型城镇化可能会产生消极影响，且规模越小、新型城镇化水平越低的城市，服务业的相对专业化集聚的负面影响越强。

1.4.2　需要进一步探讨的问题

由于时间、个人能力等各方面条件的限制，本书还需要在如下几方面进一步完善：

一是新型城镇化与产业集聚背后的逻辑非常复杂，还有很多问题仍有待深入观察和分析。例如，本书的分析基本上覆盖了城市中的主要行业，但随着科技的进步，每个行业都在不断地优化升级中，行业的优化升级对产业集聚带来了怎样的影响？时空距离的缩短对产业集聚又有何影响？如何与新型城镇化互动？这些都是需要进一步去探讨的。

二是生产性服务业中的交通运输、仓储、邮电业和金融业也存在部分生活性服务业生产和消费同步的特征，受数据的局限，没有进行细分，有待进一步区分。

三是不同城市因为其规模等级不同、所处地域不同、资源禀赋不同、职能分工不同而在共性之外还呈现出个性，受数据的局限，没有进行细分，书中用相同指标体系进行统一考量，有待进一步商榷。

四是关于新型城镇化与产业集聚的测度，不同的学者采用不同的数据指标和方法，进而使在此基础上测算的新型城镇化综合效用值与产业集聚度结果呈现出差异，因此，对新型城镇化与产业集聚测度的研究需要进一步深入。此外，关于产业高端化的衡量，我国的装备制造业、高新技术产业等，比一般的餐饮、住宿等第三产业层级高得多，但如何来进行区分衡量还有待进一步商榷。

第 2 章　文献回顾及评述

城镇和产业之间存在着天然的互动关系，中国的城镇化问题和产业集聚问题是国内学术界长期探讨的重要研究领域。自改革开放以来，学术界发表了大量的相关研究成果。特别是近年来随着国家城镇化战略的实施，国内外学术界掀起了对中国城镇化研究的热潮，来自社会学、经济学、地理学乃至规划界的学者出版的学术专著以及公开发表的学术论文更是不计其数。本章通过文献回顾，主要从以下三个方面梳理国内外新型城镇化与产业集聚的相关文献：一是综述新型城镇化的测度方法、阶段划分及驱动机制；二是综述产业集聚的测度方法、过程及驱动机制；三是回顾现有文献关于新型城镇化与产业集聚互动关系的测度方法及研究重点。最后在此基础上进行总体评述。

2.1　新型城镇化的测度、阶段划分及驱动机制

2.1.1　新型城镇化的测度方法

新型城镇化是一个多因素系统演变的过程，涉及经济、社会、人口、资源与环境的方方面面，着眼于城镇化内涵质量的提升。《国家新型城镇化规划（2014—2020）》提出了新型城镇化的发展目标，从城镇化水平、基本公共服务、基础设施、资源环境四个方面选取了 18 项指标。

关于新型城镇化的测度方法，目前主要是构建指标体系，给各项指标赋权，然后进行测算。对新型城镇化的评价，国内比较有影响的包括《中国中小城市发展报告》《中国新型城市化报告》《中国城市竞争力报告》等。此外，学者们基于各自的研究视角，构建了新型城镇化评价指标体系，但总体上仍然处于探索阶段，目前还没有形成统一的指标体系。学者们在构建指标体系时，除了传统城镇化的人口、经济基础指标，还增加了社会、生活方式、空间、环境等方面的指标。指标体系基本上都包括经济、社会、环境三个方面的指标（何忠祥、欧向军等，2013；赵永平、徐盈之，2014；杜忠潮、杨云，2014；王新越、秦素贞等，2014；李致平、李菁菁，2015；刘望辉、张奋勤等，2015；赵永平，2016；陈含桦，2017；戚莹，2018）。在此基础上，根据研究需要及数据可得性，增加了居民生活方面的指标（何忠祥、欧向军等，2013；杜忠潮、杨云，2014）；基础设施方面的指标（何忠祥、欧向军等，2013；杜忠潮、杨云，2014）；人口发展方面的指标（杜忠潮、杨云，2014；王新越、秦素贞等，2014；刘望辉、张奋勤等，2015；赵永平，2016）；生活方式、城乡一体化、创新与研发方面的指标（刘望辉、张奋勤等，2015）；从“物质”与“精神”两个层面，构建了城乡经济、城乡发展、城乡环境、生活服务、人文精神、公共管理六个方面的指标体系（戚莹，2018）。

指标体系法的关键在于如何确定各项指标的权重。目前确定权重的方法有两类：一类是主观赋权法，包括加权平均法、层次分析法、德尔菲法、序关系分析法、模糊综合评判法等（李政通、姚成胜等，2019）；另一类是客观赋权法，包括熵值法、灰色关联度法、BP 神经网络法、主成分分析法、变异系数法、CRITIC① 等。现有研究大多采用客观赋权法，一是采用熵值法对各项指标赋权测算新型城镇化指数（何忠祥、欧向军等，2013；王新越、宋飏等，2014；赵永平、徐盈之，2014；刘望辉、张奋勤等，2015；王建康、谷国锋等，2016；赵永平，2016；贾兴梅、李俊等，2016；陈含桦，2017；戚莹，2018；刘淑茹、魏晓晓，2019；李政通、姚成胜等，2019）。二是采用主成分分析法定量评价城镇化综合水平（杜忠潮、杨云，2014；王蛟蛟，2015；许海平、钟茂初，2016；杨新刚，

① CRITIC（Criteria Importance Through Intercriteria Correlation）是由 Diakoulaki 提出的一种根据指标内部对比强度和指标间冲突性来综合衡量指标权重的客观方法。

张守文等，2016）。三是利用 CRITIC 权重赋值方法进行综合评价（李致平、李菁菁，2015）。四是个别学者采用加权平均综合指标法进行测度（姚立洁，2016）。

2.1.2　新型城镇化阶段划分

新型城镇化发展阶段与其所处的城镇化阶段、工业化阶段密切相关。早在 1975 年美国地理学家诺瑟姆（Ray M. Northam）就将城镇化阶段划分为发展初期（城镇化率<30%）、发展中期（城镇化率 30%～70%）和发展后期（城镇化率>70%）三个阶段。但关于新型城镇化阶段的划分目前的相关研究很少，且没有明确的定论。新型城镇化最早可以追溯到方创琳和王德利（2011）关于城市化发展质量的判断，他们结合城市化发展质量、速度及发展水平象限互动关系图，将城市化发展质量划分为低质量阶段（0<UDQ≤0. 3）、中下发展质量阶段（0. 3<UDQ≤0. 6）、中上发展质量阶段（0. 6<UDQ≤0. 8）和高质量阶段（0. 8<UDQ≤1）。进一步地，由于城镇化三阶段论无法与特定区域的经济发展四阶段论①、经济增长四阶段论②相对应，方创琳（2019）在充分考虑城镇化与工业化同步对应的前提下，将城镇化三阶段论修正为新型城镇化高质量发展的四阶段论，即城镇化发展前期（城镇化水平<30%、工业化水平<30%，为起步阶段）、城镇化发展中期（城镇化水平 30%～60%、工业化水平 30%～70%，为成长阶段）、城镇化发展后期（城镇化水平 60%～80%、工业化水平 70%～30%，为成熟阶段）、城镇化发展终期（城镇化水平在 80%以上、工业化水平<30%，为顶峰阶段）。

此外，学术界关于新型城镇化的划分大多都是对新型城镇化综合水平进行测度，根据指数高低，分为新型城镇化综合指数较高的地区和新型城镇化综合指数较低的地区（刘望辉、张奋勤等，2015；戚莹，2018）。

2.1.3　新型城镇化的驱动机制

城镇化不断推进是城镇发展的客观规律，同时也受到多方面因素的影响。目前学术界关于新型城镇化的动力机制的研究主要包括以下两个方面：

---

① 经济发展四阶段：工业化初期、工业化中期、工业化后期、后工业化时期。

② 经济增长四阶段：起步阶段、成长阶段、成熟阶段、顶峰阶段。

一是强调政府与市场的作用。胡际权（2005）认为，市场驱动机制、政府引导机制、政府规划机制、政府保障机制是驱动城镇化发展的主要动力机制。赵永平和徐盈之（2014）认为，新型城镇化的驱动机制主要包括市场机制、政府机制、外部机制和内在机制，影响作用从强到弱依次为市场机制、外部机制、政府机制、内在机制。熊湘辉和徐璋勇（2018）认为，市场动力大于外部动力，政府动力和内源动力相当，应以市场动力促进新型城镇化进程，以外向动力提升区位优势，以政府动力提高居民生活质量，以内源动力优化城镇发展格局。

二是强调经济增长、社会发展、全球化等方面的影响。王发曾（2010）认为，新型城镇化的驱动机制由经济增长机制、社会进步机制、公共基础发展机制等主要机制以及行政推进和把控机制等辅助机制构成。倪鹏飞（2013）认为，全球信息化、第三次工业革命等外部因素也是驱动新型城镇化健康发展的重要因素。戚莹（2018）运用评价要素分析法研究了影响安徽省新型城镇化的驱动因素，总结出经济支撑、人文建设、公共福利保障、生态保护四类驱动机制。顾朝林（2019）认为，经济全球化、外国直接投资、国际贸易、公共政策是新型城镇化的重要推动因素。

2.2 产业集聚的测度、过程及驱动机制

2.2.1 产业集聚的测度方法

随着产业集聚的出现，产业集聚的测度方法也成为产业集聚理论的研究重点之一，新的方法不断出现（李太平、钟甫宁等，2007；胡健、董春诗，2013；张琳彦，2015）。通过梳理国内外文献，根据产业集聚测度方法的使用频率、出现时间及应用难易度，产业集聚的测度方法分为基本指标和扩展指标两类（年猛，2018）：

一是基本指标，主要包括行业集中度（安树伟、张晋晋，2016；唐晓华等，2017；唐晓华、陈阳，2017；王欢芳、李密等，2018）、赫芬达尔—赫希曼指数（邱灵、方创琳，2013）、区位商（Jun Koo，2005；Scholl & Brenner，2013；王

欢芳、李密等，2018）、空间基尼系数（保罗·克鲁格曼，2000；Audretsch & Feldman，1996；Amiti，2005；梁琦，2004；吴学花、杨蕙馨，2004；邱灵、方创琳，2013；Barlet et al.，2013）。

二是扩展指标，主要包括空间分散指数（Kind et al.，2000）、EG 指数（Duranton & Overman，2008；Bertinelli & Decrop，2005；类骁、韩伯棠，2012；邱灵、方创琳，2013；Billings & Johnson，2015）、M-S 指数（Alonso-Villar et al.，2004）、K 函数（高凯、周志翔等，2010；杨珏婕、刘世梁等，2011）、D-O 指数（Duranton & Overman，2008；Nakajima & Saito，2012）、M 函数（Marcon & Puech，2010；Marcon & Puech，2013；Scholl & Brenner，2013）、Moran′s I 指数（吴玉鸣、徐建华，2004；葛莹、姚士谋等，2005；吴爱芝、孙铁山等，2013）、标准差椭圆法（常瑞祥、安树伟，2016；安树伟、常瑞祥，2016；赵璐、赵作权，2017）。

以上指标各有优劣，都不具有普适性。我国学者多采用区位商、行业集中度和区位基尼系数来测度产业集聚水平。如孙晓华等（2015）运用熵指标法测算了京津冀、长三角和西兰银地区 2004~2011 年的产业集聚水平；何章磊（2016）运用区位商对安徽省物流产业集聚水平进行测度；刘望辉等（2015）采用区位商表示产业集聚的程度和水平；姚立洁（2016）采用空间基尼系数测度安徽省的商业集聚情况；樊秀峰和康晓琴（2013）利用空间基尼系数和区位商指数对陕西省制造业集聚程度进行了测算。此外，宋马林等（2012）采用 LISA 局部指标分析，结合马尔科夫链分析对我国中部六省份第二产业的空间集聚和扩散进行了预测。毕秀晶和宁越敏（2013）利用空间自相关方法，分析了长三角的集聚与扩散以及大都市区的空间溢出效应。陈景新和王云峰（2014）创新性地提出产业集聚和扩散的判断标准即产业动态脱钩指数，并从时间和空间两个维度考察了我国四大区域劳动密集型产业集聚与扩散趋势。

2.2.2　产业集聚的过程

产业集聚始于产业的集中现象，Marshall（1961）最初使用“集聚”描述企业或产业的集中现象，认为劳动力市场共享、中间产品投入和技术外溢是产业区域集聚的主要原因（李小建等，2018）。阿尔弗雷德·韦伯（1997）的工业区位论认为成本投入是决定企业区位的重要因素。保罗·克鲁格曼（2000）基于规模收益递增理论和新贸易理论，证实低运输成本、高制造业比例和规模有利于区域产业集聚的形成。产业集聚是经济系统中的一系列因素相互交错、相互促进、累积因果循环的动态发展过程，表现为阶段性和梯次性。产业集聚一般会经历萌芽、成长、成熟、衰退四个阶段，然后消亡或升级进入第二个周期，循环往复，呈螺旋式上升趋势（吴丰林等，2010）。

产业的集聚与扩散是对立统一的矛盾体，产业集聚的同时也伴随着产业的扩散。Krugman（1991）在其“核心—边缘”模型中，提出了制造业集聚和扩散的概念，当产业集聚到一定程度，便会出现扩散现象，同时新的集聚会进一步形成。伴随着产业生命周期，产业区位也呈现出生命周期，符合集中—分散—再集中的规律（梁琦，2004）。产业集聚的形成具有阶段性和梯次性，可以归纳为产业初始集聚是比较优势的结果，后续集聚主要是受规模经济效应的影响（张明倩、臧燕阳等，2007）。随着产业集聚比较优势的转变，产业会由集聚转为扩散与再集聚（纪玉俊、李志婷，2018）。是由于拥挤成本的提高（赵祥，2013），产业由以集聚为主变为以扩散为主。王晖（2008）从区域经济一体化角度分析，发现交易成本使集聚的空间形式将由集中化集聚向分散化集聚转变。刘妍和朱祖平（2004）运用博弈论分析认为，成本因素是产业集聚过程中的重要动力因素。随着产业集聚与扩散的发生，城市功能分工呈现出了与产业分工相对应的空间分异规律，即从中心城市—大中城市—中小城市—小城镇，产业集聚依次表现为资金技术密集型产业—消费性劳动密集型产业—生产性劳动密集型产业的空间转移规律（郝俊卿、曹明明等，2013）。

2.2.3 产业集聚的驱动机制

传统贸易理论认为，比较优势是产业集聚的基础。如李嘉图模型是指在完全竞争的市场条件下，各国专门生产自己机会成本比较低的产品，从而实现产业的专业化和产业集聚。赫克歇尔-俄林认为，各国之间是基于各自的资源禀赋进行贸易的。因而，有学者认为传统贸易理论更多地强调基础自然资源、劳动力、技术等外生的生产要素对产业区位选择的影响（Amiti，2005）。1970 年后期成长起来的新贸易理论认为，规模报酬递增是产业集聚最本质的力量，在一个区域中，由于一些偶然的因素使某种产业出现集中趋势，由于规模报酬递增，这种集中趋势将会进一步加强，最终形成产业在该区域的集聚。新贸易理论认为消费者对某一产品的偏好会使得该产品的生产活动在某地区产生集聚（张明倩等，2007）。

新经济地理学突破了利用外生的要素差异解释产业空间分布的理论框架。新经济地理模型将产业地理集聚完全内生化，认为产业在空间上的集中是由内生因素引起的，企业之间由于存在上下游的关系而相互靠近，产业之间的紧密联系与交通运输成本相互作用促进了产业在空间上的集聚（Krugman，1991；Charlot & Duranton，2004；Fujita et al.，2004）。新经济地理模型还发现，交通成本与产业集聚存在非线性关系，认为当交通运输成本很高或者很低时，产业一般会比较分散；而当运输成本一般时，产业可能会集中在一起。产业在空间上的地理集中还会受到劳动力市场效应、知识溢出效应、城市化经济等外部因素的影响（Keble et al.，1999；Duranton & Puga，2004）。Brenner 认为产业集聚由内生动力机制，如公众舆论、人力资本、公司间合作、当地资本市场、非正式接触引起的信息流动、公司间相互依赖六种机制，以及激发动力机制共同作用的；产业集聚以内生动力机制为基础，激发动力机制对内生动力机制起指导和辅助作用（Brenner & Weigelt，2001；Brenner，2001）。Stamer 从微观、中观、宏观和兆观四个层面建立产业集聚动力的系统竞争力模型，微观层面产业集聚竞争力受地域分工、知识共享、产品贸易、企业创新、产业协同等机制的影响；中观层面产业集聚竞争力主要受到产业外部竞争环境的影响；宏观层面产业集聚的竞争力主要受到政府行为的影响；兆观层面产业集聚竞争力主要受到区域品牌的影响。

近年来，我国学者对产业集聚机制的研究逐渐深入，马延吉（2007）从经验主义的角度较为系统地总结了区域产业集聚的机制，主要包括要素流动与区位选择、成本与利益驱动、经济联系与产业分工、知识共享与技术进步、贸易拉动与全球响应、目标约束与政策导向、计划机制与市场机制、人口与资源环境约束机制。其他学者的研究基本是从这些方面展开的，产业集聚与市场潜力、本地市场效应、技术外溢、上下游联系、运输成本高度相关（张明倩等，2007；张萃、赵伟，2011）。由于累积效应，外商一般倾向于在产业联系比较强且地理空间中比较集中的产业上进行投资（贺灿飞、刘洋，2006），区位条件和政策要素动态地决定了企业的空间集聚（常跟应，2007）。多样化集聚、专业化集聚和内部规模经济可以提升企业的集聚效率（王俊松、贺灿飞，2009）。技术进步推动了行业集聚，二者之间呈现出超越型、拟合型、滞后型三种关系（池仁勇、杨潇，2010）。企业在空间上的集聚带来的知识溢出效应可以加速企业的创新活动，有利于企业之间的各种非正式交流网络的构建，进而加速区域创新网络的形成（傅兆君、陈振权，2003；任英华、游万海等，2011）。此外，制度创新可以创造良好的发展环境，带来交易成本的下降，而交易成本的下降正是企业在空间上集聚的重要原因（邱成利，2001）。

2.3 新型城镇化与产业集聚研究

本书以“新型城镇化与产业集聚”为主题，对中国知网公开出版的期刊和博士论文、硕士论文进行检索，时间段为 2005 年 1 月~2021 年 8 月，将访谈、报道、征文等不符合的内容删除，共检索到相关文献 715 篇，并对这些文献进行整理，得到文献数量随时间的变化情况（见图 2-1）。可以看出，党的十八大以来，随着新型城镇化建设加速推进，学术界对新型城镇化与产业集聚的研究热度逐渐升温，2016 年达到顶峰，为 143 篇，近几年有所下降。

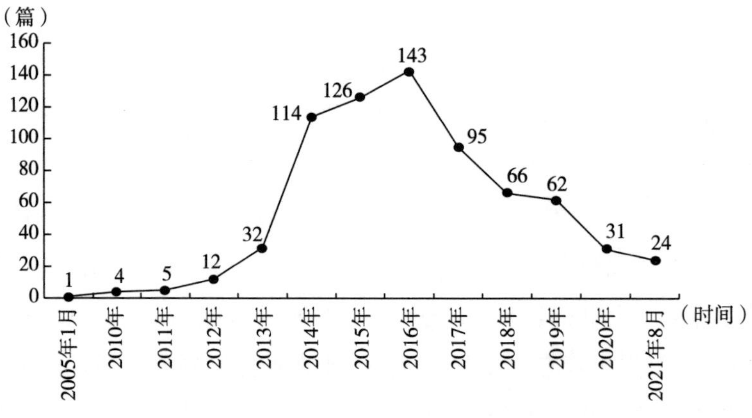

图 2-1　新型城镇化与产业集聚研究趋势

2.3.1 新型城镇化与产业集聚互动发展的内涵研究

关于新型城镇化与产业集聚互动发展的内涵，现有研究主要从创新主体、创新空间、创新资源、经济、社会等多个方面分析城镇化与产业集聚互动发展形成的耦合关系。许树辉和王利华（2014）认为，产业集群与城镇化互动是创新主体、创新空间、创新资源的相互重叠。程文亮（2018）认为，城镇化与产业集聚互动实质上是二者内部要素之间的冲突解决过程，具体包括空间、规模、协同、生态、时间、效益、效应、退出壁垒、移动壁垒、进入壁垒、数量、土地、人口、产业、交通、历史、效率、多元性、定位、稳定性、专业化、速度和结构共23种要素。于斌斌（2018）认为，产业集聚与城市化互动主要表现为生产要素、产业结构、空间布局及制度环境四个方面的耦合，其中生产要素耦合包括产品、技术、资本、人才四个方面；产业结构耦合包括产业内纵向承接、产业外横向对接和基础设施配套三个方面；空间布局耦合包括分布格局、地域分工、区域转移三个方面；制度环境耦合包括产业制度、政策环境和社会文化三个方面。于斌斌（2018）的研究主要是从宏观的全国层面出发，整体上探索产业系统与城市系统的互动内涵。本书主要是基于微观的城市层面，具体探讨城市内部城镇系统与产业系统互动发展的内涵。

2.3.2 新型城镇化与产业集聚互动关系的测度方法

关于新型城镇化与产业集聚互动关系的测度方法，学者们基于各自的侧重点，采取了不同的方法来测度。

一是空间计量模型。代表性的如王耀中等（2014）采用探索性空间数据分析方法，构建城市面板数据的空间滞后和空间误差模型，考察生产性服务业对新型城镇化的影响。李越（2014）采用 Moran 指数与散点图来研究生产性服务业集聚与新型城镇化的空间自相关性，在此基础上进行回归。刘望辉、张奋勤等（2015）采用了 E-G 两步法建立产业集聚与新型城镇化的面板误差纠正模型。熊湘辉和徐璋勇（2015）采用了空间面板模型测度了金融业对新型城镇化的影响；钟顺昌和任媛（2017）采用了 2006~2013 年的省级数据，采用空间计量模型考察了产业集聚专业化集聚、多样化集聚对城市化水平的影响。张颖和黄俊宇

(2019) 基于空间杜宾模型，对金融创新、新型城镇化对区域经济增长的影响进行了实证研究。徐秋艳、房胜飞等（2019）基于空间溢出及门槛效应分析了新型城镇化、产业结构升级与中国经济增长之间的关系。

二是耦合协调度模型。俞思静和徐维祥（2016）采用 PLS 通径模型和耦合协调度模型考察了江浙沪地区的金融产业集聚与新型城镇化二者之间的耦合协调度。谭清美和夏后学（2017）选取了 2008~2014 年行业面板数据，对产业集聚指数与新型城镇化发展指数二者之间的耦合协调度进行了测度。唐晓灵和刘越铭(2019) 基于 2005~2017 年统计数据，采用耦合协调模型考察了建筑工业化和新型城镇化二者之间的互动效应。刘淑茹和魏晓晓（2019）基于全国 2007~2016 年的统计数据，采用耦合协调度模型对新型城镇化与产业结构演进二者之间的协调性进行了测度分析。

三是 Granger 因果检验。李欣（2015）运用协整检验考察了产业转型升级与新型城镇化二者之间是否存在长期稳定的互动关系，进而运用 Granger 因果检验考察两者之间是否有因果关系。姚立洁（2016）通过构建引入虚拟变量的协整模型，采用 Granger 因果检验测度商业集聚与新型城镇化二者之间的互动效应。

四是向量自回归（VAR）模型。夏芬（2015）以江西省为例，构建了 VAR（向量自回归）模型，通过脉冲响应函数和方差分解深入考察了江西的生态经济、产业集聚与新型城镇化三者之间的互动关系。

五是最小二乘法。何章磊（2016）以安徽省为例，运用最小二乘法考察了城镇化率与物流产业增加值二者之间的相关性。

六是面板向量自回归（PVAR）模型。白珊（2018）基于 2003~2015 年我国制造业和新型城镇化方面的各项指标数据，构建了制造业产业集聚评价指标 E-G 指数，并建立了 PVAR 模型，通过格兰杰因果检验、脉冲响应函数和方差分解实证探讨了我国制造业产业集聚和新型城镇化二者之间的动态互动发展关系。梁雯和孙红（2019）基于 2007~2016 年长江经济带 11 个省（直辖市）的数据构建了 PVAR 模型，并进行脉冲响应以及方差分解分析，测度了新型城镇化与物流业二者之间的关系。傅沂和梁利（2019）基于省际面板数据构建了 PVAR 模型，对人口老龄化、科技创新与新型城镇化三者之间的关系进行实证分析。

2.3.3　新型城镇化与产业集聚关系的研究

城镇和产业之间存在着天然的互动关系，促进二者良性互动发展可以培育新型城镇化的动力机制，同时拓展产业的发展空间。在高质量发展的要求下，新型城镇化和产业集聚双轮驱动是新一轮经济增长的重要推动力，也是经济结构调整的必然要求。随着我国新型城镇化的推进，关于新型城镇化与产业集聚的研究也逐渐兴起，学术界主要从以下五个方面进行研究：

一是从产业、某一细分行业集聚的视角讨论其对城镇化的影响，这方面的研究相对较多。曾国平等（2008）、陈健和蒋敏（2012）、陈立泰等（2013）通过实证研究发现工业集聚、基于制造业高级化的生产性服务业集聚、服务业集聚对城镇化具有明显的促进作用。曾令华、江群等（2007）基于经验研究表明非农产业就业、产业经济增长与城镇化之间存在正相关关系。考虑到城镇化的空间关联效应，曾国平和吴明娥（2013）、王耀中等（2014）、谢治春（2014）、袁丹（2015）、袁丹和雷宏振（2015）、宋瑛等（2019）等运用空间计量方法进一步从服务业集聚、生产性服务业集聚、制造业集聚和高新技术产业集聚的角度实证研究了各种集聚对城镇化的影响效应。在上述研究的基础上，杨仁发和李娜娜（2016）基于产业类型的视角考察了制造业集聚与服务业集聚对城镇化的影响效应，并认为当前中国城镇化的重要动力是制造业集聚。此外，具体行业方面，卫静静（2015）、李凌妹（2015）、熊湘辉和徐璋勇（2015）、王周伟和柳闫（2016）、王弓和叶蜀君（2016）、李伟军和王春阳（2018）、王春阳（2018）、谢婷婷和刘锦华（2018）等研究发现金融行业的集聚可以显著地促进新型城镇化。Rosenfeld（2007）、张建民和陈梅（2014）、舒小林（2015）、窦银娣等（2015）、王娟等（2018）、宋宁和温赛（2018）探讨了旅游业、文化产业、金融业、流通业、商贸流通业等对新型城镇化的影响。

二是从产业集聚方式的角度讨论其对城镇化的作用机制，这方面的研究较少。王为东等（2013）发现生产性服务业的专业化集聚与多样化集聚对我国城镇化发展的影响具有阶段差异性。韩峰等（2014）以地级市为例，发现生产性服务业的专业化集聚和多样化集聚对城镇化具有明显的技术溢出效应，且生产性服务业的专业化集聚作用更明显。姚德文和孙国锋（2016）以长三角城市群为例，实证研究发现产业专业化与城镇化存在倒"U"形关系，说明长期内产业过高的专业化集聚并不利于新型城镇化。钟顺昌和任媛（2017）运用2006~2013年的省级数据，采用空间计量模型考察产业专业化集聚、多样化集聚对城市化水平的影响，发现制造业的多样化集聚对城市化的推动效应更强，而专业化集聚则不利于城市化进程；服务业的专业化集聚和多样化集聚对城市化的推动作用均不显著。

三是探讨了产业多样化集聚与专业化集聚对创新、区域经济增长、就业的影响。Scott（1988）对意大利小型制造业集聚区、Saxenian（1994）对美国硅谷电子产业集聚区、Keeble 等（1999）对英国剑桥电子和生物工程产业集聚区、Feldman 和 Audretsch（1999）对美国 1982 年 3969 项不同产品、Raffaele Paci 和 Stefano Usai（1999）对意大利的高新技术产业、Greunz（2004）对 153 个欧洲国家的 16 个制造业部门的研究均表明产业多样化的集聚区产生的知识溢出效应更强，更有利于创新活动。Gleaser 等（1992）的研究认为产业多样化集聚有助于美国城市就业率的提升，而产业专业化集聚则相反。黄乾（2009）基于我国1997~2006年省级数据，研究发现产业多样化能降低失业率及波动，分行业进一步研究发现制造业的过度专业化是引发失业率上升的重要原因。胡安荣和杨明媚（2016）进一步证实了产业多样化集聚所产生的区域内不同产业部门之间就业吸纳的互补性可创造更多的就业机会。从某种意义上讲，这些研究成果有助于我们厘清产业多样化集聚、产业专业化集聚与就业之间的关系，也基本上能够在一定程度上把握产业多样化集聚、产业专业化集聚与城镇化之间的关系。

四是探讨了产业、新型城镇化与经济增长之间的关系。Otsuka 等（2008）、Lengyel（2010）研究表明产业集聚对地区经济发展有明显的促进作用。张协嵩（2010）认为，经济发展的动力应转变为新型工业化与新型城镇化双轮驱动。任爱莲（2013）认为，在我国新型城镇化快速推进和经济快速发展的背景下，推动城镇化建设与产业集聚二者之间的协调发展尤为重要，通过产业的集聚发展推动城镇化，城镇化发展又反作用于产业集聚。陈含桦（2017）建立基于省域数据的空间误差模型并进行实证分析，结果表明：新型城镇化、产业结构高级化都有利于经济的增长。

五是从产业集聚区、产业或者行业集聚视角讨论了产业集聚与新型城镇化之

间的互动效应。张红岩（2013）探讨了产业集聚区与新型城镇化二者之间的互动发展关系，并提出了促进二者协调发展的措施。周海成（2013）分析了城镇化与房地产二者之间的互动机制，并进行了因果关系检验，结果表明：城镇化水平与房地产投资额二者之间相互促进、互为因果，而城镇化水平与商品房销售面积二者之间存在着单向因果关系。李松和白洋（2014）对新型城镇化发展与县域产业聚集二者之间的关系做了相关性分析，认为县域产业聚集是新型城镇化的关键。王换娥等（2012）、肖燕（2014）、赵瑞雪（2014）分别以河北省、安徽省、河南省为例，分析了新型城镇化与产业集聚二者之间的互动关系，认为产业集群化和城镇化是区域经济发展的两个重要路径。陈斌（2014）以江苏省为例，基于系统耦合视角对产业集群和城镇化二者之间的关系进行研究，发现在同一区域中城镇化与产业集群二者之间互为发展和约束条件。续亚萍和俞会新（2014）、刘文燕（2014）、陈思宇（2014）探讨了产业集聚与新型城镇化二者的互动关系，揭示了二者是辩证统一的关系。刘望辉等（2015）研究了产业集聚与新型城镇化二者之间的关系，结果表明：短期内，产业集聚和新型城镇化二者之间存在双向互动的因果关系；长期来看，东部地区存在从新型城镇化到产业集聚水平提升的单向因果关系，而中部地区和西部地区存在产业集聚与城镇化二者之间双向互动的因果关系。夏芬（2015）基于生态经济视角探讨了江西省产业集聚与新型城镇化二者之间的互动关系，认为生态经济、产业集聚与新型城镇化之间存在长期的均衡关系，并形成了良性互动发展。吴宁宁（2015）认为，旅游业与新型城镇化建设相辅相成，二者融合发展将成为一种新趋势。俞思静和徐维祥（2016）以江、浙、沪为例，探讨了金融集聚与新型城镇化之间的关系。李越（2014）认为，促进生产性服务业与新型城镇化二者的融合发展，将会有助于新型城镇化水平的提升。姚立洁（2016）以安徽省为例，分析了商业集聚与新型城镇化二者之间的互动关系，认为商业集聚对新型城镇化的推进具有积极的作用，二者之间存在一种长期的均衡关系。贾兴梅（2018）探讨了新型城镇化与农业集聚之间的协同效应。

2.4 总体评述

通过大量的文献梳理可知，新型城镇化与产业集聚之间互动关系的相关研究已取得了丰硕的成果，但在研究对象、研究内容、研究角度及研究方法等方面还有不足。

一是现有研究中的研究对象多以大中城市和省域为主，且研究安徽省的居多，文献大多是构建指标体系，对新型城镇化进行测度，并没有深入划分阶段。关于新型城镇化的指标体系的构建已有一定规模，具有一定的参考价值，但也有局限。一方面，由于学者们研究目的不同，数据获取难度大，由此构建的新型城镇化指标体系往往具有一定的偏向性；另一方面，评价指标的选择存在区域特殊性，使得其无法对新型城镇化水平进行科学的评价。

二是关于新型城镇化与产业集聚之间互动关系的研究内容存在一定的割裂性。现有文献对于新型城镇化与产业集聚之间互动关系的研究有产业集聚、制造业集聚、服务业、生产性服务业集聚、旅游业、文化产业集群、岛屿产业集群、商业集聚、纺织产业集聚发展、战略性新兴产业集聚及金融集聚、体育休闲引导的产业集聚、商贸流通业、房地产业等行业与新型城镇化的互动关系。大多数学者都是基于自身学科和研究方向只针对其中一个产业类别或一个行业与新型城镇化的关系，或整体的产业集聚与新型城镇之间的互动关系进行研究，研究成果也较少。对于完整的城市产业细分类别与新型城镇化之间的互动关系的系统性研究更是没有。新型城镇化与产业集聚的互动是一项系统性工程，城市产业主要有制造业、生产性服务业、生活性服务业、公共服务业，随着城镇化的推进及产业结构的演进，各类产业集聚对新型城镇化的影响不同，新型城镇化的不同阶段对各类产业集聚的影响也不同。所以，现有的新型城镇化与产业集聚互动关系的研究在内容方面与实际运行相比具有明显的割裂性，忽视了新型城镇化与产业集聚之间互动发展的动态演化过程。

三是现有文献主要从产业集聚整体的视角，或者从制造业、生产性服务业、生活性服务业等具体某行业集聚角度来考察其与城镇化的关系，而从反映产业集聚结构的多样化与专业化层面来讨论对城镇化的影响（尤其是二者的互动关系）的文献还偏少。在中国经济持续、中高速增长，大量人口和劳动力流动，培育区域发展新动能的背景下，新型城镇化与产业集聚之间的互动过程，产业专业化集聚、产业多样化集聚对新型城镇化的影响，新型城镇化不同发展阶段产业集聚演变的规律与机制等问题还需要进行深入研究。

四是关于新型城镇化与产业集聚的研究方法单一。通过文献梳理可知，新型城镇化及产业集聚的测度方法主要集中于指标体系评价法，计量分析方法运用较少。指标体系方法侧重于宏观定性和政策性研究，缺乏更加精准的计量研究和定量研究，在实际指导新型城镇化与产业集聚的过程中，往往由于缺乏精准性而使得政策出台的效果不尽如人意，甚至不具有可操作性。在我国高质量发展的要求下，现有研究的方法与促进新型城镇化与产业集聚良性互动的紧迫性相比，具有明显的滞后性。

总体而言，新型城镇化与产业集聚之间互动关系方面的研究已经取得了一定成果，但在机理研究和系统性研究方面仍然存在很多不足。因此，随着产业结构的演进，未来应进一步加强制造业、生产性服务业、生活性服务业、公共服务业、新型城镇化之间动态互动关系的研究，以及制造业、服务业专业化集聚与多样化集聚对新型城镇化影响的研究，进一步厘清新型城镇化与产业集聚之间互动的内在机理，探索出适合中国国情的新型城镇化与产业集聚之间互动发展的路径。

此外，在构建新型城镇化评价指标体系时需要兼顾指标间的特征：一是所需的指标体系不仅要反映城市的发展质量，也要兼顾乡村发展，保障在发展中促进协调；二是指标体系的构建需要因地制宜，体现出新型城镇化在地域上的差异；三是选取指标时注重静态评价与动态发展相结合，评价指标体系并不是一成不变的，标准只有动态发展才可以用来有效地判断新型城镇化的未来发展趋势，且伴随时间空间的演进不断完善。

第3章　新型城镇化与产业集聚的内涵与测度

对新型城镇化与产业集聚互动关系的深入研究是在对其内涵的不同理解基础之上进行的，如何对新型城镇化、产业集聚的内涵进行确定直接决定了研究视角与研究内容。由于现有文献对新型城镇化与产业集聚互动关系的研究多集中于单一行业视角下的探讨，缺乏基于内涵基础上的系统的理论分析框架，因此本章在对城镇化、新型城镇化、产业集聚的内涵进行清晰界定的基础上，探讨新型城镇化阶段划分、新型城镇化综合测度及产业集聚测度，并概括新型城镇化与产业集聚呈现的特征。

3.1　新型城镇化与产业集聚内涵的确定

3.1.1　城镇化

城镇化也称城市化，是涉及人口、经济、社会和空间等诸多方面的动态转变过程（刘习平，2018）。学者们从各自学科角度对城镇化进行定义，概括有关城镇化概念的阐述主要分为四种（见表3-1）：一是人口学把城镇化定义为农村居民向城镇居民转变的过程（韩长赋，2011）；二是地理学把城镇化定义为农村地域或者自然区域向城镇地域转变的过程（刘志军，2004；刘宁，2005）；三是经

济学上强调产业结构的城镇化，即以第一产业为主的传统农村经济模式向以第二产业、第三产业为主的现代经济模式转变的过程（洪银兴、陈雯，2003）；四是社会学强调农村生活方式、思维方式及行为方式等的城镇化（孙久文、叶裕民，2010）。

表 3-1　相关学科对城镇化的定义

学科	城镇化的定义
人口学	农村人口转变为城镇人口的过程
地理学	农村地区或者自然区域转变为城镇地区的过程
经济学	经济模式和生产方式的城镇化
社会学	社会关系与组织变迁的过程

资料来源：樊杰，郭锐．新型城镇化前置条件与驱动机制的重新认知［J］．地理研究，2019，38（1）：3-12.

综上所述，城镇化是一个复杂的系统，是农村人口转变为城镇人口，农村地域转变为城镇地域，农村产业转变为城镇产业及农村生活方式、消费习惯、思想文化和社会组织关系逐渐城镇化的过程（李中，2014；刘习平，2018）。其中，人口城镇化是城镇化的本质，土地城镇化是城镇化的依托保障，产业城镇化是城镇化的主要动力，社会文明城镇化是城镇化的最终表现。人口与土地的城镇化是城镇化重要维度（刘习平，2018）。所以在实际测算中，通常采取人口城镇化率和土地城镇化率这两个指标。人口城镇化通常用常住人口和户籍人口两种统计标准来测算。土地城镇化通常用城市的建成区土地面积与区域总面积之比来表示。

3.1.2　新型城镇化

相对于传统城镇化而言，新型城镇化具有新的内涵：一是推动城镇化由重数量、重规模向重质量、重内涵转变；二是从注重经济发展转向注重经济与社会的协调发展；三是从城市发展转向城乡统筹（仇保兴，2010；罗宏斌，2010）。新型城镇化的核心在于“协调”，包括城镇规模、布局、功能、产业、环境、社会等方面的协调（胡际权，2005）。魏后凯（2014）认为，中国特色的新型城镇化是以人为本、集约化、智能化、绿色化、低碳化、城乡一体化的城镇化。仇保兴（2009）、刘殿敏（2012）认为，新型城镇化内涵应当与不同地域特征相结合，根据新的内涵特征构建新型城镇化的评价指标体系。

学术界目前对“新型城镇化”没有统一的定义，由于学者研究的侧重点不同，他们对新型城镇化内涵的理解也略有差别。但有一点是达成共识的，即以人为本，就是要尊重人、理解人、关心人，把满足人的全面需求和促进人的全面发展作为发展的基本出发点，实现人的城镇化（国务院发展研究中心课题组，2010；厉以宁，2012；牛文元，2013；李强等，2013；徐匡迪，2013；魏后凯，2014；陈明星等，2019），重点是提高农村人口转变为城镇人口的质量，实现流动人口与城镇人口的社会融合（周丽萍，2011；韩云等，2019；宁越敏、杨传开，2019）。本书认为在高质量发展的背景下，新型城镇化在遵循城镇化一般规律的基础上，强调质量与速度并重，注重内涵发展，具有以人为本、市场主导、城乡融合、产城人融合、多元协调发展的特点。

3.1.3 产业集聚

产业集聚是城镇化过程中的普遍现象，指某些产业为了追求一定的经济利益，在特定地域范围内高度聚集的现象（Guimaraes & Figueiredo，2000；Clancy et al.，2001；魏后凯，2007；刘习平，2018）。产业集聚会产生规模效应、聚集效应和外部效应。产业集聚产生的原因有两个：一是亚当·斯密（A. Smith）、马歇尔（A. Marshall）和阿林·扬（A. Young）提出的规模报酬递增理论，即分工和专业化导致规模报酬增加；二是马歇尔（A. Marshall）提出的集聚经济理论，即影响集聚的三个最重要因素分别为劳动力市场共享、投入共享和知识溢出。本书基于产业结构的演进，主要从以下两个方面对产业集聚进行分析：一是基于产业结构演进的过程进行研究，包括制造业集聚、生产性服务业集聚、生活性服务业集聚、公共服务业集聚，并实证分析制造业、生产性服务业、生活性服务业、公共服务业、新型城镇化之间的关系。二是从产业集聚的方式方面进行研究，产业集聚方式分为专业化集聚和多样化集聚两种，具体包括制造业、服务业的相对专业化集聚和相对多样化集聚。本书还实证分析了制造业的相对专业化集聚和相

对多样化集聚、服务业的相对专业化集聚和相对多样化集聚对新型城镇化的影响。

3.2　新型城镇化测度

3.2.1　新型城镇化阶段的判别

新型城镇化是与产业集聚相伴发展的动态过程，其内涵处于不断扩展中，涉及产业结构转变、就业结构转变、城乡结构转变、空间结构转变、制度变迁等方面的内容，体现了发展的理念，在新型城镇化的不同阶段呈现出不同的表现形式。因此，为全面动态地反映新型城镇化发展水平及其变化趋势，本书根据《国家新型城镇化规划（2014—2020 年）》中的发展目标，依据诺瑟姆曲线，参考中国城市经济学会、中国社会科学院、方创琳和王德利（2011）、牛文元（2013）关于衡量城市发展指标体系的研究成果，陈佳贵、黄群慧等（2006）关于工业化阶段的划分（见表 3-2），以及方创琳（2019）关于城市化发展质量阶段的划分，以地级市为研究对象，基于可比性、动态性、可操作性及数据的可获得性四个原则，综合人口城镇化、经济发展、产业结构、城乡收入差距四个方面的关键指标来表征新型城镇化发展水平，将新型城镇化划分为初期、中前期、中后期、后期四个阶段。

表 3-2　工业化不同阶段的标志值

基本指标	前工业化阶段	工业化实现阶段			工业化阶段
		工业化初期	工业化中期	工业化后期	
人均 GDP（2010 年美元）	827～1654	1654～3308	3308～6615	6615～12398	12398 以上
三次产业结构（产业结构）	A>I	A>20%，A<I	A<20%，I>S	A<10%，I<S	A<10%，I<S

续表

基本指标	前工业化阶段	工业化实现阶段			工业化阶段
		工业化初期	工业化中期	工业化后期	
制造业增加值占总商品增加值[①]比重（工业结构）	20%以下	20%~40%	40%~50%	50%~60%	60%以上
第一产业就业人员占比（就业结构）	60%以上	45%~60%	30%~45%	10%~30%	10%以下
人口城镇化率（空间结构）	30%以下	30%~50%	50%~60%	60%~75%	75%以上

注：A 代表第一产业，I 代表第二产业，S 代表第三产业。

资料来源：陈佳贵，黄群慧，钟宏武．中国地区工业化进程的综合评价和特征分析［J］．经济研究，2006（6）：4-15.

（1）新型城镇化、城镇化速度与人口城镇化水平。新型城镇化与城镇化速度的关系实质上是城镇化发展质量与速度的关系，城镇化水平是城镇化质量的前提保证（王凯、陈明等，2013），低水平的城镇化谈不上城镇化质量。推进农业转移人口市民化是新型城镇化的首要任务，因此户籍人口城镇化率也应该作为衡量新型城镇化水平的重要指标，但鉴于地级市层面数据的可得性，本书后文仅谈常住人口城镇化率。从图 3-1 可以看出，1978~1995 年，城镇化率低于 30%，城镇化速度较慢，平均每年增长 0. 64 个百分点，当然这其中也有户籍制度的原因；1996~2010 年，城镇化率为 30%~50%，城镇化速度很快，平均每年增长 1. 4 个百分点；2011~2019 年，城镇化率在 50%~70%，城镇化速度呈现波动式下降趋势，但依然增长较快，平均每年增长 1. 18 个百分点。因此，本书推断城镇化水平 30%、50%、70%为城镇化发展质量及速度对应的 3 个重要转折点，同时参考方创琳和王德利（2011）的研究成果，构建城镇化发展质量与速度的关系图，人口城镇化水平在图中呈现倒“U”形发展轨迹（见图 3-2）。

① 总商品增加值额大体上相当于物质生产部门（第一产业、第二产业）的增加值。

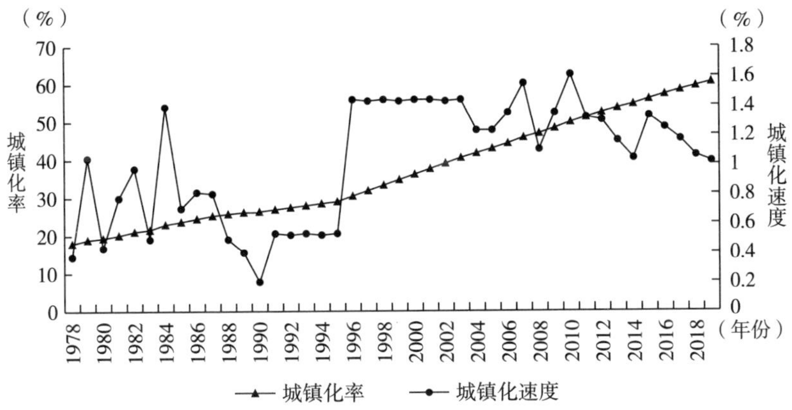

图 3-1　1978~2019 年全国城镇化率及城镇化速度

资料来源：根据《中国统计年鉴（2020）》整理计算。

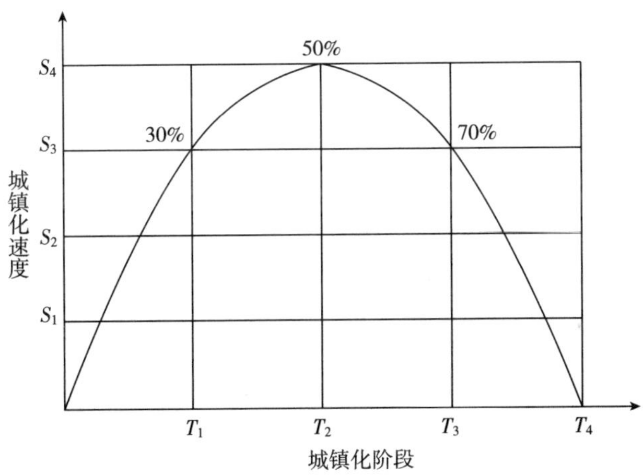

图 3-2　新型城镇化、城镇化速度与城镇化水平的关系①

资料来源：方创琳，王德利．中国城市化发展质量的综合测度与提升路径［J］．地理研究，2011，30（11）：1931-1946.

（2）新型城镇化与经济发展。新型城镇化的核心是人的城镇化，关键是要以人为本，不断满足人民日益增长的美好生活需要，切实提高居民的生活质量，而居民生活质量的提高需要一定的经济发展水平来保障。研究发现，世界各国的

① 图中倒“U”形抛物线为人口城镇化水平变化轨迹。

城镇化率与人均 GDP 对数值的相关系数基本稳定在 0.85 的水平。我国 1978~2012 年城镇化率与人均 GDP 对数值的相关系数高达 0.99①。也就是说，城镇化率与经济发展水平密切相关，这在我国表现得更为明显。1978~2019 年，我国人均地区生产总值由 385 元增长到 70892 元，增长速度波动幅度较大，年均增速为 13.67%（见图 3-3）。2019 年，我国人均 GDP 为 70892 元，折合 10986.2 美元，其中仅北京、上海、江苏、浙江、福建、广东、天津、湖北、重庆 9 个省（直辖市、自治区）人均 GDP 超过全国平均水平；人均 GDP 超过 12398 美元的有北京、上海、江苏、浙江、福建、广东、天津 7 个省（直辖市）（见图 3-4）。在此，参考陈佳贵、黄群慧等（2006）关于工业化阶段的划分，本书将人均 GDP 低于 3308 美元界定为新型城镇化初期，将人均 GDP 高于 3308 美元、低于 6615 美元界定为新型城镇化中前期，将人均 GDP 高于 6615 美元、低于 12398 美元界定为新型城镇化中后期，将人均 GDP 高于 12398 美元界定为新型城镇化后期。

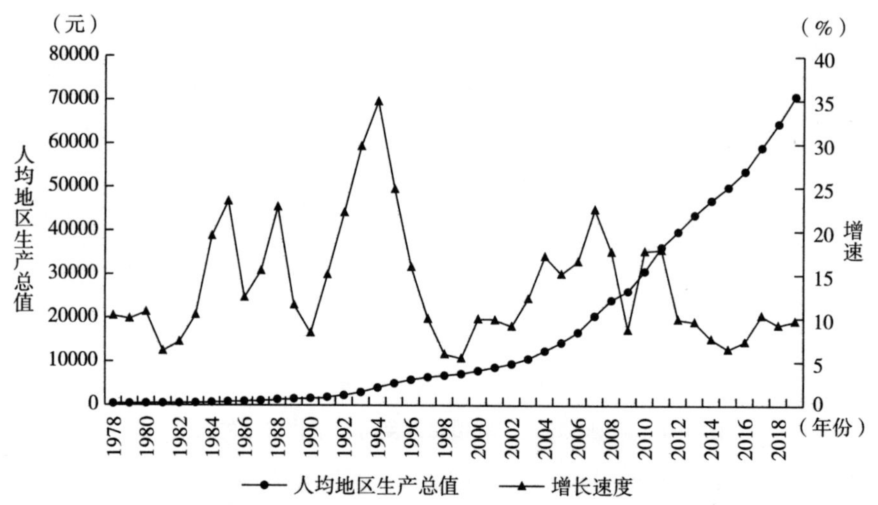

图 3-3　1978~2019 年我国人均地区生产总值及增速

资料来源：根据《中国统计年鉴（2020）》整理，按当年价格计算。

① 新型城镇化：经济社会发展的强大引擎——解读《二〇一四年国民经济和社会发展统计公报》[N]. 中国信息报，2015-03-09.

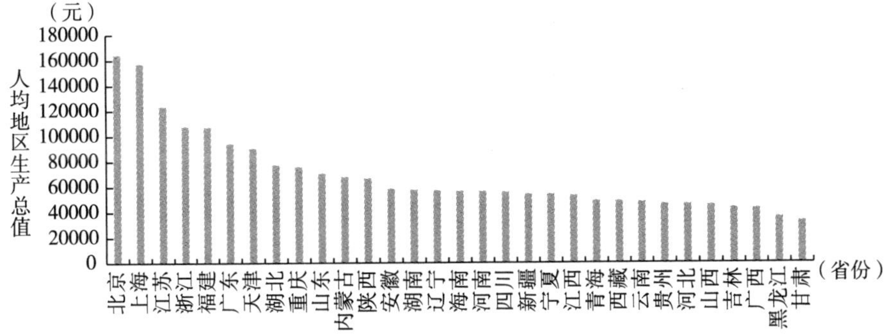

图 3-4 2019 年全国及 31 个省（直辖市、自治区）人均地区生产总值

资料来源：《中国统计年鉴（2020）》。

（3）新型城镇化与产业结构。新型城镇化与产业结构之间具有阶段性的特点。根据张自然和魏晓妹（2015）的研究，在工业化初期、中期，人均 GDP 和城镇化水平还不高，城镇化水平随着工业的发展而提高；在工业化的中期、后期，人均 GDP 和城镇化水平逐步提高，人们的收入水平也不断提高，对服务业的个性化需求越来越多，需求的种类也越来越多样化，从而促进了生活性服务业的发展。此外，工业的发展促使越来越多的生产性服务业从工业中分离，促进了生产性服务业的发展，由此城镇化和工业化共同促进了服务业的发展，服务业占 GDP 的比重逐渐上升，而具有规模扩张特点的工业占 GDP 的比重则呈现下降的趋势。因此，本书认为，虽然我国第二产业中的资本和技术密集型行业[①]比一般的生活性服务业层级高得多，但随着新型城镇化水平的提高，制造业呈现出服务化趋势（刘斌等，2016；肖挺、孙苏伟，2020），生活性服务业趋于高级化，整体产业结构呈现出高端化的特征，考虑数据的可得性，同时为了降低第一产业增加值比重过高的影响，本书采用第三产业增加值与第二产业增加值和第一产业增加值之和的比值来表示产业结构高端化，具体如下：

$$I_H=\frac{Ter}{Pri+Sec} \tag{3-1}$$

① 资本和技术密集型行业包括医药制造业，金属制品业，通用设备制造业，专用设备制造业，汽车制造业，铁路、船舶、航空航天和其他运输设备制造业，电器机械和器材制造业，计算机、通信和其他电子设备制造业，仪器仪表制造业，金属制品、机械和设备修理业共计 10 类。

式（3-1）中，I_H 表示产业结构高端化指数，*Ter* 表示第三产业增加值，*Pri* 表示第一产业增加值，*Sec* 表示第二产业增加值。I_H 越大，在一定程度上说明产业结构高端化程度越高。

经过测算，1978~2019 年，产业结构高端化趋势明显。2015 年产业结构高端化指数首次超过 1，同时也说明第三产业比重首次超过 50%，2019 年产业结构高端化指数达到 1.17（见图 3-5）。此外，2019 年，从全国 31 个省（直辖市、自治区）来看，产业结构高端化指数最大的是北京，高达 5.07；产业结构高端化指数最小的是福建省，仅为 0.83（见图 3-6）。在此，根据初步的测算结果，同时参考陈佳贵、黄群慧等（2006）工业化阶段的划分中关于三次产业结构的标准，结合中国的实际情况，本书认为 $A \geq 20\%$ 且 $I_H<1$，则为新型城镇化初期；$A<20\%$ 且 $I_H<1$，则为新型城镇化中前期；$A<10\%$ 且 $I_H>1$，则为新型城镇化中后期；$A<5\%$ 且 $I_H>1$，则为新型城镇化后期。

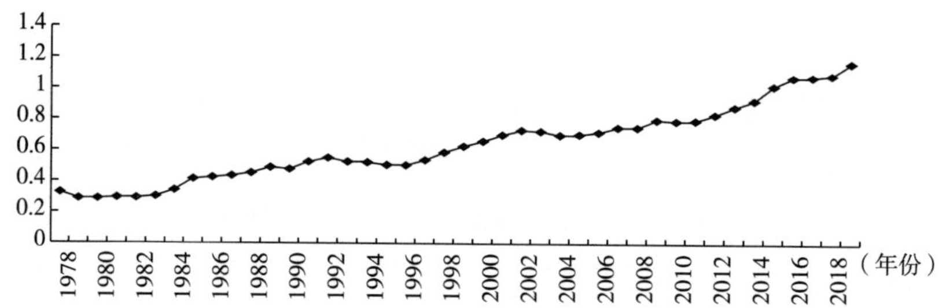

图 3-5　1978~2019 年产业结构高端化指数

资料来源：根据《中国统计年鉴（2020）》整理计算。

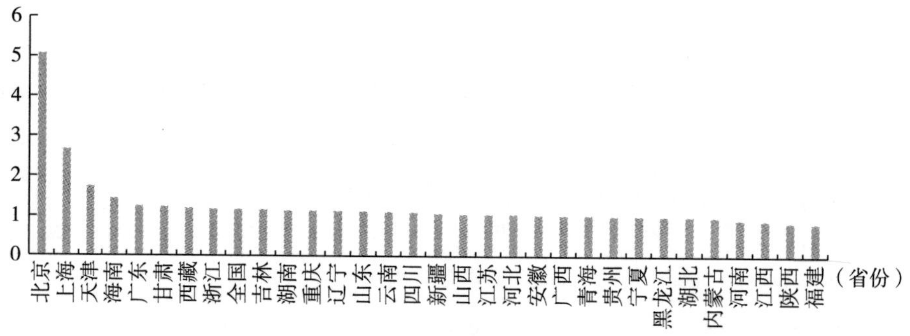

图 3-6　2019 年全国及 31 个省（直辖市、自治区）产业结构高端化指数

资料来源：根据《中国统计年鉴（2020）》整理计算。

（4）新型城镇化与城乡居民收入差距。新型城镇化注重城乡统筹发展，是一种扩散效应主导的城镇化（蔡武等，2013）。民生问题是人民群众最关心、最直接、最现实的利益问题，而收入分配则是民生之源（牛文元，2013）。城乡融合是新型城镇化的最终目标，这就要求逐步缩小城镇居民与农村居民之间的收入差距（徐家鹏、张丹，2019）。世界上绝大多数国家的城镇居民与农村居民收入的比率是 1.5∶1，超过 2∶1 的都很少。1978~2019 年，我国城镇居民与农村居民的收入差距呈现波动趋势（见图 3-7），其中 2002~2012 年城乡居民收入比率超过 3∶1，之后有所下降，说明新型城镇化战略对缩小城镇居民与农村居民二者收入差距的作用显现，但差距依然非常大，2019 年我国城镇居民与农村居民的收入比率为 2.6∶1，如果再加上城镇居民拥有而农村居民没有的各种社会保障，二者的差别就更大了。从城镇化阶段来看，1978~1995 年，城镇化率低于 30%，城镇化速度较慢，城乡居民收入比率波动幅度较大，1983 年最低为 1.82，1994 年最高为 2.86。1996~2010 年，城镇化率为 30%~50%，城镇化速度很快，城乡居民收入比率总体呈现上升趋势，1997 年最低为 2.47，2009 年最高为 3.33。2011~2019 年，城镇化率在 50%~70%，城镇化速度呈现波动式下降趋势，城乡居民收入比率总体呈现下降趋势，2011 年最高为 3.13，2019 年最低为 2.64（见图 3-7）。可见，随着城镇化的深入推进，城镇化率为 50%~70%时，城镇化将会步入速度与质量并重的阶段。当城镇化率超过 70%时，城镇化水平已经很高，此时将会更加注重城镇化发展的质量。此外，从 2019 年全国 31 个省（直辖市、自治区）来看，仅天津的城镇居民与农村居民收入比率低于 2∶1，说明各个省（直辖市、自治区）的城镇居民与农村居民收入差距均很大（见图 3-8）。

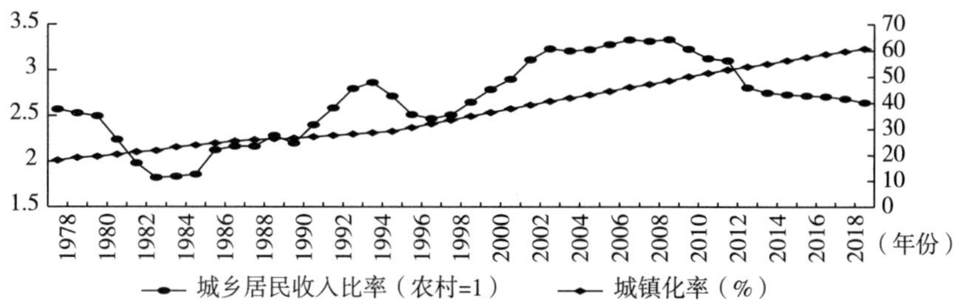

图 3-7　1978~2019 年城镇化率与城乡居民收入比率

资料来源：根据《中国统计年鉴（2020）》整理计算。

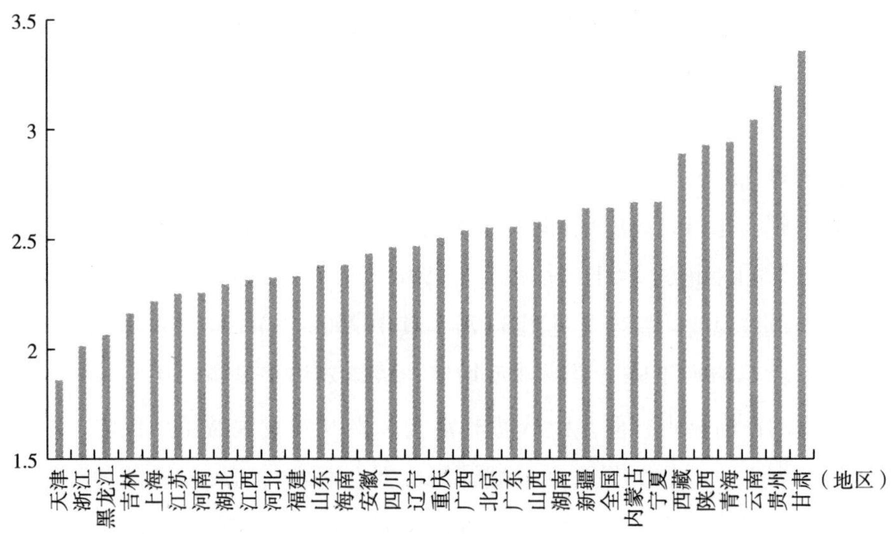

图 3-8　2019 年全国及 31 个省（直辖市、自治区）城乡居民收入比率（农村居民=1）

资料来源：根据《中国统计年鉴（2020）》整理计算。

社会群体之间的收入差距过大不但会影响整个国民经济的健康发展，而且还有可能转变为社会问题。因此，新型城镇化要践行社会公平，其直接的表现就是缩小城乡居民的收入差距。柴洪等（2020）的研究发现新型城镇化战略的实施有助于缩小城乡居民收入差距。根据初步计算的结果，结合中国的实际情况，基于城乡居民收入差距的角度，本书认为城乡居民收入比率低于 2∶1 为新型城镇化中后期，城乡居民收入比率低于 1.5∶1 为新型城镇化后期。

根据上述分析，结合中国目前的实际情况及数据可得性，本章选取代表性的常住人口城镇化率、人均 GDP、产业结构高端化指数、城乡居民收入比率四个指标来表征新型城镇化阶段，其中常住人口城镇化率和人均 GDP 是两个基础性指标，本书认为没有一定的城镇化速度和经济基础，谈不上城镇化质量，新型城镇化应该是在一定的发展水平下更加注重产业结构优化及城乡融合的城镇化，是不断满足人民日益增长的美好生活需要的城镇化。新型城镇化阶段的判别标准具体如表 3-3 所示。

表 3-3　新型城镇化不同阶段的标志值

基本指标	初期	中前期	中后期	后期
常住人口城镇化率（空间结构）	30%以下	30%~50%	50%~70%	70%以上
人均 GDP（2010 年美元）	3308 以下	3308~6615	6615~12398	12398 以上
产业结构高端化指数（产业结构）	<1（A≥20%）	<1（A<20%）	>1（A<10%）	>1（A<5%）
城乡居民收入比率（农村居民=1）	3 以上	2~3	1.5~2	1.5 以下

注：A 代表第一产业。

3.2.2　新型城镇化综合测度的指标体系与测度方法

（1）指标体系。为了进一步测度新型城镇化的发展水平，同时也为了后文测度新型城镇化与产业集聚之间的关系，根据上述新型城镇化阶段的判别标准，同时基于数据的连续性和可靠性，本章提出新型城镇化综合评价指标体系，如表 3-4 所示。

表 3-4　新型城镇化综合评价指标体系

目标层	准则层	指标层
新型城镇化综合效用值	城镇化水平	常住人口城镇化率（%）
	经济发展水平	人均 GDP（元/人）
	产业结构高级化	第三产业增加值/（第二产业增加值+第一产业增加值）
	城乡收入差距	城乡居民收入比率（农村居民=1）

（2）数据来源。根据刘习平（2018）的研究成果，中国城镇化经历了四个阶段：1949~1978 年，城镇化水平较低、波动幅度较大，人口城镇化被人为控制；1979~2002 年，党的十一届三中全会后，经济体制改革迅速推进，城镇化快速发展；2003~2010 年，随着科学发展观的提出，城镇化也逐步顺应科学发展观的要求，注重城镇化发展的质量；2011 年，中国城镇化步入了“以人为本”的新型城镇化阶段。因此，本书认为新型城镇化的研究应该从 2003 年时起。此外，鉴于 2002 年之前地级市的行政区划变动较大，为了保持研究对象的一致性和数

据的可获取性，本书研究也需要从 2003 年开始。根据数据的可得性、有效性和连续性原则，本书选取 2003~2017 年 283 个地级及以上城市[①]作为本书数据统计和实证分析的研究对象。各项指标的原始数据来源于相关年份《中国城市统计年鉴》《中国城市建设统计年鉴》与相关省（自治区、直辖市）统计年鉴、相关地级市统计公报，并对个别城市的缺失数据采用线性插值法进行了补充。此外，我们对各个城市的地区生产总值和工资水平根据所在省份的 GDP 平减指数调整为 2003 年的不变价格。

（3）测度方法。本书采用熵值法确定各项指标的权重，为了消除不同指标量纲的影响，需要对各项指标的数据进行标准化处理（刘淑茹、魏晓晓，2019）。具体过程如下：

$$\begin{cases} x_{ij}=\left(\dfrac{u_{ij}-\min(u_{ij})}{\max(u_{ij})-\min(u_{ij})}\right)\times 0.9+0.1 & \text{正向指标} \\ x_{ij}=\left(\dfrac{\max(u_{ij})-u_{ij}}{\max(u_{ij})-\min(u_{ij})}\right)\times 0.9+0.1 & \text{负向指标} \end{cases}$$

其中，x_{ij} 是标准化后的数据，$\max(u_{ij})$、$\min(u_{ij})$ 分别是原始数据中的最大值和最小值。

采用熵值法确定各项指标权重的具体步骤如下：

第一步，计算各指标的比例：$k_{ij}=\dfrac{x_{ij}}{\sum_{i=1}^{n}x_{ij}}$。

第二步，第 j 项指标的熵值：$s_j=-u\sum_{i=1}^{n}k_{ij}\ln(k_{ij})$，其中 u 为常数，本书参考刘淑茹和魏晓晓（2019）的研究成果，取 $u=\dfrac{1}{\ln(10)}$。

第三步，第 j 项指标的差异系数：$v_j=1-s_j$。

第四步，归一化处理求各指标的权重：$\lambda_j=\dfrac{v_j}{\sum_{j=1}^{m}v_j}$。

① 巢湖、三沙、儋州、毕节、铜仁、拉萨、喀日则、昌都、林芝、山南、陇南、海东、中卫、吐鲁番、哈密由于行政区划调整或数据缺失严重而剔除，港、澳、台不在考察范围之内。

由此，可求得新型城镇化综合效用值：$U=\sum_{j=1}^{m}\lambda_j x_j$ 。

根据上述分析计算新型城镇化系统各指标权重，具体如表 3-5 所示。

表 3-5　新型城镇化综合评价指标体系权重

目标层	准则层	指标层	权重
新型城镇化综合效用值	城镇化水平	常住人口城镇化率（%）	0.2498
	经济发展水平	人均 GDP（元/人）	0.2473
	产业结构高级化	第三产业增加值/（第二产业增加值+第一产业增加值）	0.2500
	城乡收入差距	城乡居民收入比率（农村居民=1）	0.2529

3.2.3　测度结果

（1）基于新型城镇化阶段判别标准测度的新型城镇化。从全国范围来看，2003~2019 年，全国常住人口城镇化率由 40.53%提高到 60.60%，人均 GDP 由 10666 元提高到 70892 元，产业结构由 12.3∶45.6∶42.0 转变为 7.1∶39.0∶53.9，产业结构高端化指数由 0.72 提高到 1.17，城乡居民收入比由 3.2 缩小到 2.6。此外，2019 年末全国户籍人口城镇化率为 44.38%，常住人口城镇化率为 60.60%，这两项指标已经非常接近《国家新型城镇化规划（2014—2020 年）》中提出的到 2020 年户籍人口城镇化率达到 45%左右，常住人口城镇化率达到 60%左右的目标，但是二者的差距仍然很大。实际上 2019 年末这两个城镇化率的差距为 15.62 个百分点，这与 2015 年的状况差别不大。2015~2019 年，户籍人口城镇化率和常住人口城镇化率的增长均呈现放缓的态势。总体而言，中国的城镇化质量不高，仍然处于新型城镇化中前期阶段。

地级市层面，2017 年，在 283 个地级及以上城市样本中，东部地区 87 个、中部地区 80 个、西部地区 82 个、东北地区 34 个。通过对比分析，发现很多城市人均 GDP、产业结构高端化指数、常住人口城镇化率都达到了新型城镇化中后期、后期阶段，但户籍人口城镇化率较低，城市居民和农村居民之间的收入差距依然很大。经过综合分析，结果如表 3-6 所示。

表 3-6　2017 年全国 283 个地级及以上城市新型城镇化阶段判断

阶段	数量（个）	包括城市
初期阶段	17	忻州、天水、庆阳、平凉、白银、定西、丽江、吕梁、河池、六盘水、宝鸡、赣州、十堰、安顺、商洛、安康、咸阳
中前期阶段	240	大同、达州、黄冈、安庆、南阳、邵阳、贵港、吴忠、玉林、南充、雅安、临汾、吉安、梧州、广安、怀化、濮阳、遵义、承德、上饶、乌兰察布、运城、六安、驻马店、武威、赤峰、亳州、宿州、周口、汉中、曲靖、广元、商丘、崇左、贺州、临沧、钦州、渭南、阜阳、固原、来宾、巴中、普洱、百色、保山、昭通、七台河、景德镇、滨州、佳木斯、鹰潭、岳阳、阳江、重庆、韶关、衡阳、西宁、枣庄、鹤壁、南平、廊坊、常德、巴彦淖尔、辽阳、鞍山、济宁、许昌、宁德、黄石、三门峡、肇庆、防城港、张家界、南宁、茂名、金昌、汕尾、随州、清远、益阳、黄山、柳州、齐齐哈尔、张掖、朔州、榆林、德阳、池州、郴州、阜新、咸宁、北海、聊城、晋城、梅州、锦州、四平、秦皇岛、蚌埠、揭阳、荆州、洛阳、绵阳、孝感、新乡、铜陵、河源、松原、邯郸、自贡、黑河、宣城、乐山、淮北、永州、云浮、安阳、漯河、湛江、九江、铁岭、临沂、朝阳、长治、淮南、开封、白城、菏泽、保定、沧州、眉山、平顶山、晋中、宜春、宜宾、铜川、抚州、遂宁、延安、衡水、通辽、玉溪、滁州、桂林、葫芦岛、信阳、内江、邢台、绥化、泸州、张家口、娄底、资阳、合肥、新余、鹤岗、惠州、淄博、兰州、南昌、济南、沈阳、鄂州、徐州、芜湖、白山、盐城、银川、伊春、烟台、汕头、吉林、本溪、湘潭、石嘴山、鸡西、马鞍山、萍乡、江门、泉州、牡丹江、盘锦、潮州、宜昌、长春、攀枝花、丹东、株洲、双鸭山、辽源、呼伦贝尔、昆明、宿迁、唐山、襄阳、连云港、泰安、酒泉、焦作、衢州、抚顺、三明、龙岩、潍坊、阳泉、莆田、漳州、日照、营口、荆门、莱芜、通化、大庆、德州、克拉玛依、佛山、海口、嘉峪关、宁波、乌海、包头、鄂尔多斯、镇江、呼和浩特、绍兴、扬州、东营、嘉兴、南通、泰州、福州、湖州、贵阳、台州、金华、淮安、温州、哈尔滨、丽水、石家庄
中后期阶段	26	深圳、东莞、苏州、无锡、广州、珠海、南京、常州、杭州、长沙、北京、上海、威海、武汉、乌鲁木齐、青岛、天津、厦门、中山、舟山、郑州、成都、西安、太原、三亚、大连
后期阶段	0	—

资料来源：根据测算结果整理。

由表 3-6 可知，目前没有城市步入新型城镇化后期阶段。处于新型城镇化初期阶段的 17 个城市中，西部地区 13 个、中部地区 4 个。处于新型城镇化后期阶段的 26 个城市中，东部地区 18 个、中部地区 4 个、西部地区 3 个、东北地区 1 个。其余 240 个城市都处于新型城镇化中前期阶段。总体而言，东部地区的城市新型城镇化水平较高，西部地区的城市新型城镇化水平较低。

（2）基于指标体系测度的新型城镇化。基于新型城镇化指标体系进行测度，本书将新型城镇化划分为新型城镇化综合指数较高、中上、中下、较低四个层次，结果如表 3-7 所示。

表 3-7　2017 年全国 283 个地级及以上城市新型城镇化综合效用值

指数	数量（个）	包括城市
较高 ≥0.5	40	深圳、北京、广州、克拉玛依、乌鲁木齐、上海、珠海、杭州、佛山、无锡、中山、苏州、天津、东莞、长沙、南京、海口、常州、武汉、厦门、太原、嘉峪关、宁波、乌海、包头、鄂尔多斯、舟山、镇江、郑州、三亚、呼和浩特、大连、青岛、成都、绍兴、扬州、东营、威海、西安、嘉兴
中上 0.4~0.5	73	合肥、南通、贵阳、泰州、湖州、新余、福州、鹤岗、惠州、淄博、温州、兰州、南昌、济南、沈阳、鄂州、徐州、芜湖、金华、白山、盐城、银川、伊春、烟台、汕头、吉林、台州、本溪、哈尔滨、湘潭、石嘴山、鸡西、马鞍山、萍乡、江门、泉州、牡丹江、盘锦、潮州、宜昌、长春、攀枝花、丹东、淮安、株洲、双鸭山、辽源、呼伦贝尔、昆明、宿迁、唐山、襄阳、连云港、泰安、酒泉、焦作、衢州、抚顺、三明、龙岩、潍坊、阳泉、莆田、漳州、丽水、日照、营口、荆门、莱芜、通化、大庆、石家庄、德州
中下 0.3~0.4	108	七台河、景德镇、滨州、佳木斯、鹰潭、岳阳、阳江、重庆、韶关、衡阳、西宁、枣庄、鹤壁、南平、廊坊、常德、巴彦淖尔、辽阳、鞍山、济宁、许昌、宁德、黄石、三门峡、肇庆、防城港、张家界、南宁、茂名、金昌、汕尾、随州、清远、益阳、黄山、柳州、齐齐哈尔、张掖、朔州、榆林、德阳、池州、郴州、阜新、咸宁、北海、聊城、晋城、梅州、锦州、四平、秦皇岛、蚌埠、揭阳、荆州、洛阳、绵阳、孝感、新乡、铜陵、河源、松原、邯郸、自贡、黑河、宣城、乐山、淮北、永州、云浮、安阳、漯河、湛江、九江、铁岭、临沂、朝阳、长治、淮南、开封、白城、菏泽、保定、沧州、眉山、平顶山、晋中、宜春、宜宾、铜川、抚州、遂宁、大同、延安、衡水、通辽、玉溪、滁州、桂林、葫芦岛、信阳、内江、邢台、绥化、泸州、张家口、娄底、资阳
较低 <0.3	62	达州、黄冈、安庆、南阳、邵阳、贵港、吴忠、玉林、南充、雅安、临汾、吉安、梧州、广安、怀化、濮阳、遵义、承德、十堰、上饶、乌兰察布、运城、六安、驻马店、安顺、武威、赤峰、亳州、宝鸡、六盘水、宿州、周口、汉中、咸阳、曲靖、广元、商丘、崇左、贺州、临沧、钦州、赣州、渭南、阜阳、安康、固原、来宾、巴中、吕梁、普洱、白银、商洛、百色、忻州、丽江、保山、河池、平凉、定西、天水、昭通、庆阳

资料来源：根据测算结果整理。

从地级市层面来看，2017 年，新型城镇化综合指数较高的 40 个城市中，包括北京、上海、天津 3 个直辖市，大连、青岛、南京、杭州、宁波、厦门、武汉、广州、深圳、成都、西安 11 个副省级城市。从四大区域来看，东部地区 26

个城市、西部地区9个城市、中部地区4个城市、东北地区1个城市。新型城镇化指数较低的62个城市中，东部地区1个、中部地区21个、西部地区40个。总体而言，新型城镇化指数较高的城市大都是大城市，且东部地区的城市居多；而新型城镇化指数较低的城市大多是中西部地区的中小城市。

3.3 产业集聚的测度

3.3.1 非农产业分类与数据来源

（1）非农产业分类。本书基于地级市层面进行研究，2002年之前，《中国城市统计年鉴》中的城市产业分为15类，自2003年开始服务业的细分有了较大变动，城市产业分类调整为19类。《中国城市统计年鉴》中第二产业分为采矿业，制造业，建筑业及电力、热力、燃气及水的生产和供应业四大类，其中，制造业部门占据了第二产业近90%的比例。故本书认为，由于制造业部门在第二产业中占据了相当大的产值与就业比例，故其基本上能够客观反映第二产业的发展情况（朱昊，2017），此外，第二产业中制造业与城镇化的关系最为密切，所以本书关于第二产业的测算只研究制造业。

服务业的概念在理论界仍然存在争议，随着科学技术的快速发展，新业态不断出现，服务业的行业种类不断丰富，关于服务业的内涵及范围目前仍然没有统一的定论，在国民经济核算中，第三产业一般被视为服务业。本书基于研究目的，参考《中国城市统计年鉴》中关于服务业的分类，借鉴余泳泽和潘妍（2019）对服务业的分类方法，根据服务对象将服务业分为能够提高制造业生产效率的生产性服务业和不能提高制造业生产效率的生活性服务业两大类。此外，考虑到生活性服务业中一部分主要以市场提供为主，一部分主要以政府提供为主，本书还特别将生活性服务业中的公共服务业划出。具体产业细分如表3-8所示。

表 3-8　非农产业分类

产业		细分行业
第二产业	工业（3 类）	采矿业
		制造业
		电力、热力、燃气及水生产和供应业
	建筑业	建筑业
第三产业	生产性服务业（5 类）	交通运输、仓储和邮政业
		信息传输、计算机和软件业
		金融业
		租赁和商业服务业
		科学研究、技术服务和地质勘查业
	生活性服务业（5 类）	居民服务、修理和其他服务业
		文化、体育、娱乐业
		批发和零售业
		住宿和餐饮业
		房地产业
	公共服务业（4 类）	水利、环境和公共设施管理业
		教育
		卫生、社会保障和社会福利业
		公共管理和社会组织

资料来源：根据《中国城市统计年鉴》的行业分类进行整理。

（2）数据来源。为了保证研究数据统计口径的一致性，同时也为了和新型城镇化的研究时段保持一致，本书所选数据从 2003 年开始。研究对象也要与新型城镇化的研究对象保持一致，涉及 2003~2017 年 283 个地级及以上城市的制造业、服务业细分行业的从业人员数据，数据来源于 2004~2018 年《中国城市统计年鉴》，其中个别数据在部分年份缺失，笔者运用数据插值法进行了补全。

3.3.2　测度方法

随着产业集聚理论的发展，产业集聚的测度方法也在不断发展（黄庆华、时培豪等，2020）。目前衡量产业集聚水平的指标方法较多，例如 Gini 系数、Hoover 指数、Ellison-Glaser 指数，这些指标方法各有特点，也各有局限性。目前国内外很多学者采用区位商（Location Quotient）来测度产业的集聚水平（David Keeble et al.，1991；Dan O'Donoghue，Bill Gleave，2004；程大中、黄雯，2005；刘军、徐康宁，2010；陈国亮、陈建军，2012；Stephen et al.，2012），区位商又称专业化率，最早由哈盖特（P. Haggett）提出，并运用于区位分析中，可以反映一个地区某一行业的相对专业化程度和相对规模，以及某一地区在高层次区域中的地位和作用。区位商可以消除区域规模的差异因素，能够真实地反映地理要素的空间分布（杨仁发，2013；黄庆华等，2020）。因此，本书考虑数据的可得性，也采用区位商来测度产业的集聚水平，同时为了反映集聚规模的影响，在此采用行业地理集中度加以说明。

（1）区位商。一般以从业人数、总产值、增加值、企业数作为测量指标。具体表达式如下：

$$LQ_{ij} = \frac{X_{ij}/\sum_{i} X_{ij}}{\sum_{j} X_{ij}/\sum_{i}\sum_{j} X_{ij}} \tag{3-2}$$

式中，LQ_{ij} 表示 j 地区 i 产业的区位商，其值越高，该地区该产业的集聚程度就越高；X_{ij} 表示 j 地区 i 产业的产出指标。$LQ_{ij}>1$，表示 j 地区 i 产业高度集聚；$LQ_{ij}=1$，表示集聚程度一般；$LQ_{ij}<1$，表示产业集聚程度低。区位商法简单易行、数据易于获取、分析直观，并能较好地反映地区层面产业的集聚水平。但由于区位商没有考虑企业规模因素，可能会出现该地区整体经济规模不大、区位商指数较高的现象，而实际上该地区产业集聚并不显著。鉴于地级市层面的数据可得性，本书采用从业人数来进行分析。

（2）行业地理集中度集中度表示规模最大的前几个地区某产业在全国所占的份额，其公式如下：

$$CR_{n,\ k} = \sum_{j=1}^{n} S_j^k \tag{3-3}$$

式中，n 为地区数，取值比较随意；S_j^k 为地区 j 产业 k 在全国所占的份额。行业地理集中度是借用产业集中分析中的市场集中率来分析地理集中现象的（郭志仪、姚敏，2007），它的最大特点是直接指出了规模最大的一个或几个地区所

占的比重。其优点是计算简便、含义直观；缺点是没有考虑产业集中的影响因素，而且当 n 取值不同时结论也不同（魏后凯，2007）。

3.3.3　测度结果

（1）基于区位商测度的产业集聚度。由于本书的样本较多，涉及 283 个地级及以上城市，受篇幅限制，在此根据测度结果，仅列出 2003 年、2006 年、2011 年、2017 年制造业、生产性服务业、生活性服务业、公共服务业区位商大于 1 的城市，结果如表 3-9 至表 3-12 所示。

表 3-9　2003~2017 年制造业主要集聚地（区位商>1）

年份	城市数量（个）	主要集聚地（区位商>1）
2003	106	嘉峪关、珠海、惠州、泉州、厦门、苏州、金昌、莆田、青岛、威海、中山、滨州、包头、莱芜、铜陵、攀枝花、常州、淄博、无锡、深圳、马鞍山、十堰、佛山、南通、本溪、鄂州、大连、芜湖、江门、鞍山、天津、福州、宝鸡、潍坊、葫芦岛、石嘴山、嘉兴、株洲、东莞、漳州、湘潭、哈尔滨、扬州、景德镇、西安、上海、镇江、烟台、德阳、柳州、聊城、南京、泰州、广州、黄石、武汉、吉林、白银、襄阳、漯河、洛阳、辽阳、石家庄、肇庆、温州、绵阳、新乡、长春、运城、云浮、自贡、宁波、兰州、宜宾、济南、抚顺、杭州、衢州、德州、日照、三明、鹰潭、沈阳、韶关、咸阳、焦作、咸宁、荆门、天水、南昌、淮安、唐山、贵阳、乐山、张家口、宣城、太原、安阳、汉中、齐齐哈尔、萍乡、通化、丹东、蚌埠、清远、孝感
2006	92	嘉峪关、惠州、嘉兴、泉州、苏州、珠海、中山、厦门、青岛、滨州、莆田、金昌、威海、温州、无锡、南通、深圳、莱芜、湖州、常州、江门、铜陵、攀枝花、潍坊、包头、漳州、马鞍山、淄博、清远、烟台、福州、大连、佛山、镇江、十堰、芜湖、云浮、漯河、天津、宁波、本溪、株洲、鄂州、景德镇、杭州、宝鸡、鞍山、绍兴、扬州、河源、泰州、石嘴山、肇庆、黄石、德州、南京、葫芦岛、焦作、东莞、广州、日照、上海、柳州、乐山、德阳、西安、咸宁、绵阳、辽阳、哈尔滨、襄阳、南平、聊城、运城、韶关、淮安、新乡、抚顺、三明、吉林、石家庄、湘潭、自贡、长春、荆州、太原、洛阳、荆门、衢州、鹰潭、唐山、营口
2011	92	嘉峪关、滨州、惠州、泉州、苏州、威海、珠海、青岛、嘉兴、漯河、中山、烟台、金昌、莱芜、潍坊、无锡、聊城、日照、莆田、厦门、德州、十堰、江门、淄博、宁波、镇江、宜春、南通、铜陵、黄石、新余、清远、深圳、许昌、鄂州、攀枝花、新乡、佛山、漳州、大连、河源、湖州、宜昌、天津、温州、常州、包头、泰州、肇庆、焦作、鞍山、营口、云浮、南京、景德镇、上海、广州、芜湖、马鞍山、株洲、洛阳、荆门、绵阳、扬州、淮安、台州、临沂、石嘴山、葫芦岛、廊坊、郑州、宝鸡、南阳、辽阳、襄阳、福州、宜宾、柳州、本溪、德阳、开封、衢州、汕尾、吉林、孝感、北海、韶关、盐城、菏泽、湘潭、武汉、随州

续表

年份	城市数量（个）	主要集聚地（区位商>1）
2017	93	东莞、中山、苏州、惠州、佛山、威海、无锡、嘉兴、漯河、滨州、深圳、珠海、焦作、汕尾、江门、常州、许昌、嘉峪关、潮州、新余、莱芜、泉州、揭阳、镇江、鹰潭、烟台、鹤壁、肇庆、宁波、莆田、河源、金昌、青岛、漳州市芜湖、潍坊、吉安、湖州、开封、宜春、景德镇、清远、梧州、德阳、鄂州、十堰、辽源、铜陵、荆门、宜昌、滁州、石嘴山、宿迁、宝鸡、日照、汕头、淄博、德州、周口、九江、襄阳、郑州、黄石、洛阳、孝感、廊坊、云浮、萍乡、大连、鞍山、台州、临沂、辽阳、厦门、包头、株洲、宁德、聊城、宣城、本溪、新乡、淮安、安顺、天津、长春、吉林、玉溪、衢州、乌海、赣州、马鞍山、长沙、上海

表 3-10　2003~2017 年生产性服务业主要集聚地（区位商>1）

年份	城市数量（个）	主要集聚地（区位商>1）
2003	70	上海、北京、昆明、秦皇岛、呼和浩特、防城港、沈阳、锦州、阜新、杭州、广州、西宁、乌鲁木齐、西安、东莞、合肥、南京、四平、舟山、蚌埠、海口、大连、北海、张家界、南宁、南昌、柳州、湖州、大同、长沙、营口、金华、连云港、大庆、深圳、太原、长春、武汉、丹东、丽水、天津、黄山、兰州、绥化、湛江、成都、临汾、重庆、嘉兴、绵阳、济南、宁波、娄底、徐州、镇江、衡水、通化、池州、石家庄、张掖、台州、佛山、商洛、呼伦贝尔、无锡、衢州、三亚、佳木斯、齐齐哈尔、韶关
2006	61	北京、上海、乌鲁木齐、西宁、沈阳、秦皇岛、昆明、广州、南昌、大同、防城港、南京、武汉、西安、南宁、呼和浩特、舟山、合肥、柳州、蚌埠、太原、兰州、杭州、深圳、东莞、大连、营口、成都、天津、锦州、徐州、北海、齐齐哈尔、丽水、长春、黄山、临汾、石家庄、丹东、金华、连云港、龙岩、长沙、湛江、佳木斯、衡水、绵阳、佛山、乌兰察布、银川、宁德、武威、桂林、玉林、酒泉、承德、济南、益阳、重庆、张掖、张家界
2011	56	北京、沈阳、吉安、乌鲁木齐、西安、上海、日照、南宁、秦皇岛、济南、深圳、呼和浩特、东莞、西宁、哈尔滨、武汉、广州、聊城、昆明、舟山、太原、石家庄、海口、长春、信阳、南京、洛阳、齐齐哈尔、菏泽、银川、大连、防城港、柳州、杭州、周口、大庆、兰州、锦州、临汾、蚌埠、上饶、承德、黄山、白山、长沙、南充、丽水、营口、乌兰察布、徐州、武威、连云港、丹东、合肥、宁德、酒泉
2017	50	北京、上海、广州、西安、大连、哈尔滨、海口、乌鲁木齐、营口、西宁、南京、齐齐哈尔、舟山、太原、天津、呼和浩特、沈阳、石家庄、济南、成都、秦皇岛、杭州、承德、昆明、牡丹江、六安、兰州、深圳、丽水、酒泉、连云港、沧州、绵阳、锦州、大庆、南宁、克拉玛依、银川、白山、长春、贵阳、长沙、衢州、武汉、晋中、池州、重庆、阜阳、郑州、临汾

表 3-11 2003~2017 年生活性服务业主要集聚地（区位商>1）

年份	城市数量（个）	主要集聚地（区位商>1）
2003	64	三亚、北京、亳州、海口、黑河、深圳、广州、佳木斯、开封、新余、哈尔滨、新乡、上海、武威、长沙、周口、乌鲁木齐、贵阳、玉溪、大同、张家界、舟山、杭州、西安、昭通、荆州、忻州、商丘、汕头、驻马店、郑州、南宁、南阳、武汉、昆明、太原、漯河、桂林、盐城、合肥、晋城、信阳、许昌、安庆、宜昌、保山、天津、南京、石家庄、长春、安顺、嘉兴、黄山、衡水、天水、定西、宿州、大连、沈阳、镇江、济南、张家口、白城、呼和浩特
2006	55	三亚、海口、新余、北京、佳木斯、贵阳、长沙、深圳、广州、忻州、西安、上海、开封、济南、新乡、玉溪、郑州、南宁、哈尔滨、天津、周口、乌鲁木齐、舟山、石家庄、驻马店、汕头、南阳、黑河、昆明、武汉、长春、亳州、桂林、阳江、沈阳、杭州、呼和浩特、信阳、南京、大庆、鄂州、池州、自贡、大连、安庆、太原、北海、黄山、丽江、日照、兰州、张家口、三门峡、厦门、衡水
2011	50	宣城、三亚、六安、开封、十堰、北京、驻马店、海口、周口、广州、济南、上海、宜昌、信阳、长沙、昆明、深圳、孝感、贵阳、荆门、东营、杭州、西安、武汉、南京、丽江、乌鲁木齐、商丘、大连、天津、郑州、南阳、玉溪、沈阳、哈尔滨、大庆、菏泽、上饶、长春、南宁、德州、厦门、西宁、重庆、合肥、三门峡、潍坊、石家庄、日照、许昌
2017	39	三亚、六安、成都、十堰、上海、海口、北京、广州、廊坊、宜昌、丽江、攀枝花、孝感、襄阳、武汉、昆明、驻马店、西安、玉溪、南京、呼和浩特、深圳、厦门、哈尔滨、天津、济南、达州、长沙、杭州、珠海、荆门、贵阳、商丘、长春、景德镇、张家界、宝鸡、沈阳、云浮

表 3-12 2003~2017 年公共服务业主要集聚地（区位商>1）

年份	城市数量（个）	主要集聚地（区位商>1）
2003	187	固原、庆阳、广安、乌兰察布、菏泽、榆林、吕梁、永州、安康、贵港、临沧、丽江、常德、定西、梅州、钦州、商丘、贺州、阜阳、宁德、怀化、廊坊、昭通、遵义、保山、来宾、揭阳、驻马店、赣州、六安、黄冈、百色、汕尾、南充、资阳、丽水、河池、宿州、玉林、宿迁、延安、商洛、广元、周口、临沂、巴中、吉安、郴州、安顺、雅安、信阳、亳州、池州、衡水、河源、抚州、邵阳、随州、曲靖、张家界、绥化、邢台、玉溪、沧州、茂名、黄山、达州、宣城、上饶、平凉、清远、忻州、北海、张掖、普洱、巴彦淖尔、宜春、承德、南平、安庆、潮州、朝阳、眉山、衢州、云浮、德州、武威市、保定、梧州、龙岩、开封、汉中、许昌、赤峰、金华、运城、滁州、湖州、咸宁、益阳、桂林、聊城、防城港、营口、四平、衡阳、肇庆、湛江、岳阳、通辽、阳江、娄底、三明、渭南、潍坊、咸阳、鄂尔多斯、临汾、连云港、日照、九江、汕头、南阳、朔州、呼和浩特、荆州、张家口、淮安、襄阳、天水、新乡、济宁、东莞、吴忠、丹东、荆门、台州、遂宁、南宁、绵阳、泸州、徐州、秦皇岛、通化、漯河、内江、舟山、德阳、合肥、西宁、韶关、白城、孝感、鹰潭、辽源、宜宾、晋中、铁岭、泰州、滨州、蚌埠、邯郸、石家庄、盐城、辽阳、酒泉、六盘水、长沙、松原、焦作、枣庄、洛阳、自贡、十堰、白银、湘潭、萍乡、漳州、杭州、吉林、长治、阜新、海口、晋城、锦州、重庆、株洲

续表

年份	城市数量（个）	主要集聚地（区位商>1）
2006	184	定西、庆阳、固原、安康、广安、菏泽、丽江、昭通、榆林、贵港、永州、宿迁、亳州、乌兰察布、贺州、商洛、张家界、怀化、商丘、廊坊、梅州、钦州、安庆、宁德、雅安、武威、广元、周口、揭阳、郴州、六安、河池、黄山、阜阳、保山、安顺、临沧、百色、丽水、茂名、驻马店、南充、曲靖、眉山、来宾、池州、衡水、巴中、遵义、绥化、资阳、玉林、吉安、黄冈、四平、延安、邢台、汕尾、赣州、天水、吴忠、邵阳、抚州、普洱、益阳、宣城、信阳、吕梁、平凉、赤峰、达州、玉溪、滁州、白城、忻州、北海、承德、常德、聊城、宿州、宜春、梧州、上饶、娄底、张掖、渭南、随州、临沂、衢州、开封、汉中、朝阳、崇左、许昌、潮州、运城、巴彦淖尔、保定、德州、桂林、通辽、衡阳、蚌埠、湛江、沧州、咸阳、荆州、岳阳、营口、张家口、呼和浩特、东莞、鄂尔多斯、临汾、三明、阳江、汕头、襄阳、云浮、肇庆、丹东、防城港、朔州、辽源、咸宁、南阳、连云港、通化、淮安、萍乡、河源、清远、德阳、吉林、秦皇岛、阜新、新乡、白山、邯郸、南平、舟山、徐州、铁岭、泰州、韶关、济宁、洛阳、龙岩、漯河、遂宁、松原、锦州、酒泉、绵阳、晋中、日照、泸州、南宁、九江、石家庄、潍坊、十堰、宝鸡、宜宾、焦作、白银、内江、葫芦岛、长春、盐城、濮阳、扬州、荆门、六盘水、台州、长治、辽阳、枣庄、合肥、西宁、重庆、自贡、石嘴山、牡丹江
2011	185	庆阳、定西、固、安康、贵港、广安、贺州、广元、乌兰察布、梅州、张家界、怀化、昭通、榆林、百色、雅安、遵义、亳州、商洛、南充、梧州、永州、河池、钦州、白城、揭阳、运城、吴忠、滁州、天水、邢台、临沧、忻州、延安、宁德、眉山、安庆、达州、宿迁、平凉、承德、阜阳、安顺、黄山、绥化、来宾、邵阳、赣州、赤峰、张掖、四平、资阳、武威、丽水、池州、衡水、玉林、茂名、汉中、黄冈、宿州、临汾、吕梁、益阳、桂林、沧州、郴州、丽江、巴彦淖尔、咸宁、东莞、张家口、白银、渭南、邯郸、荆州、鄂尔多斯、咸阳、汕尾、崇左、潮州、普洱、随州、阳江、内江、酒泉、铜川、湛江、云浮、呼和浩特、朝阳、遂宁、常德、巴中、萍乡、辽源、娄底、通辽、徐州、松原、保山、白山、肇庆、曲靖、三明、蚌埠、衡阳、通化、保定、廊坊、石家庄、清远、秦皇岛、防城港、自贡、玉溪、淮安、衢州、葫芦岛、铁岭、汕头、河源、锦州、连云港、泸州、晋中、吉林、南平、北海、宝鸡、牡丹江、朔州、德阳、阜新、绵阳、丹东、岳阳、辽阳、九江、盐城、长治、六盘水、襄阳、石嘴山、舟山、双鸭山、泰州、三亚、新余、佳木斯、韶关、乐山、南宁、柳州、宜宾、佛山、长春、鹰潭、大同、金华、兰州、马鞍山、营口、扬州、哈尔滨、呼伦贝尔、齐齐哈尔、芜湖、银川、沈阳、唐山、本溪、龙岩、湘潭、重庆、抚顺、海口、南通、株洲、晋城、西宁、乌鲁木齐、镇江、常州、成都

续表

年份	城市数量（个）	主要集聚地（区位商>1）
2017	203	固原、贺州、定西、河池、昭通、怀化、乌兰察布、贵港、百色、邢台、张家口、衡水、庆阳、广元、四平、张掖、丽水、张家界、来宾、遵义、雅安、朝阳、巴彦淖尔、绥化、忻州、丽江、菏泽、安康、运城、武威、崇左、白城、赤峰、天水、沧州、玉林、永州、赣州、承德、临沧、吴忠、平凉、梅州、钦州、阜阳、防城港、临汾、邯郸、邵阳、安顺、普洱、咸宁、黑河、吕梁、白银、佳木斯、黄山、汉中、阜新、双鸭山、眉山、梧州、亳州、上饶、三明、益阳、秦皇岛、通辽、北海、延安、通化、吉林、六盘水、葫芦岛、桂林、南阳、商洛、丹东、榆林、保定、宣城、郴州、南充、朔州、云浮、泸州、衡阳、衢州、乐山、锦州、渭南、聊城、铁岭、晋中、石嘴山、池州、荆州、南平、资阳、牡丹江、宜宾、常德、滁州、娄底、湛江、保山、随州、安庆、石家庄、呼和浩特、阳江、周口、松原、抚州、信阳、咸阳、岳阳、内江、德州、吉安、遂宁、齐齐哈尔、茂名、自贡、萍乡、铜川、清远、韶关、唐山、河源、九江、辽阳、潍坊、宜春、肇庆、汕尾、舟山、龙岩、鄂尔多斯、德阳、商丘、蚌埠、营口、呼伦贝尔、宁德、白山、长治、三门峡、三亚、临沂、大同、枣庄、酒泉、洛阳、乌鲁木齐、银川、驻马店、揭阳、淮南、潮州、乌海、曲靖、七台河、连云港、抚顺、辽源、巴中、宝鸡、平顶山、达州、南宁、绵阳、玉溪、鞍山、济宁、景德镇、马鞍山、本溪、广安、宿迁、哈尔滨、开封、鸡西、新乡、包头、海口、西宁、许昌、日照、湘潭、徐州、安阳、兰州、淮北、株洲、濮阳、沈阳、金华、柳州、黄石、重庆、铜陵、烟台

通过对2003~2017年我国283个地级及以上城市制造业、生产性服务业、生活性服务业和公共服务业区位商的变动态势进行分析，结果表明，我国制造业、生产性服务业、生活性服务业的集聚趋势较为明显，2003~2017年，制造业区位商大于1的城市由106个减少到93个，且以东部、中部的大中城市为主。生产性服务业区位商大于1的城市由70个减少到50个，且以大城市、省会城市为主。生活性服务业区位商大于1的城市由64个减少到39个，且以大城市为主。个别生产性服务业、生活性服务业区位商大于1的中小城市则可能是由于其他产业发展不足而造成的，也可能是个别异常值。对于公共服务业而言，2003~2017年区位商大于1的城市由187个上升为203个，且以中部、西部地区的中小城市为主，说明中、西部地区中小城市的其他产业没有发展起来而造成公共服务业区位商相对较高，此外，由于公共服务业的特殊性，其没有呈现出集聚趋势。

（2）基于行业集中度测度的产业地理集聚度。基于集聚规模的角度，本书对2003~2017年283个地级及以上城市制造业、生产性服务业、生活性服务业、公共服务业的前30位集中度以及主要集聚地变化情况进行分析，结果如表3-13至表3-16所示。

表3-13　2003~2017年制造业集中度及其主要集聚地

年份	集中度（CR30）	主要集聚地
2003	0.452	北京、上海、哈尔滨、天津、广州、青岛、重庆、苏州、武汉、深圳、泉州、西安、大连、厦门、成都、南京、惠州、沈阳、福州、长春、石家庄、济南、杭州、烟台、无锡、潍坊、南通、珠海、淄博、太原
2006	0.476	上海、北京、深圳、天津、苏州、青岛、泉州、广州、重庆、杭州、哈尔滨、温州、嘉兴、厦门、惠州、西安、武汉、大连、福州、烟台、宁波、南京、成都、珠海、潍坊、无锡、沈阳、南通、济南、石家庄
2011	0.500	上海、深圳、泉州、广州、天津、北京、苏州、宁波、杭州、重庆、青岛、惠州、成都、厦门、南京、烟台、武汉、嘉兴、大连、无锡、温州、珠海、西安、福州、郑州、长沙、绍兴、威海、沈阳、台州
2017	0.495	深圳、苏州、东莞、上海、佛山、成都、重庆、北京、天津、广州、郑州、宁波、惠州、杭州、无锡、泉州、青岛、中山、武汉、西安、厦门、南京、嘉兴、南通、烟台、珠海、长春、合肥、福州、襄阳

资料来源：根据2004年、2007年、2012年和2018年《中国城市统计年鉴》计算整理。

表3-14　2003~2017年生产性服务业集中度及其主要集聚地

年份	集中度（CR30）	主要集聚地
2003	0.490	北京、上海、广州、重庆、天津、哈尔滨、西安、武汉、沈阳、成都、深圳、南京、昆明、杭州、大连、长春、青岛、太原、石家庄、济南、郑州、长沙、宁波、苏州、南宁、南昌、乌鲁木齐、福州、徐州、兰州
2006	0.516	北京、上海、广州、深圳、天津、武汉、重庆、西安、杭州、沈阳、成都、哈尔滨、南京、昆明、大连、太原、济南、石家庄、长春、青岛、郑州、南昌、南宁、海口、长沙、乌鲁木齐、宁波、兰州、福州、徐州
2011	0.554	北京、上海、广州、深圳、杭州、重庆、西安、天津、武汉、沈阳、哈尔滨、南京、成都、济南、昆明、宁波、大连、长沙、南宁、长春、石家庄、郑州、太原、青岛、乌鲁木齐、合肥、福州、南昌、温州、烟台
2017	0.593	北京、上海、成都、深圳、广州、重庆、天津、杭州、西安、南京、武汉、郑州、哈尔滨、济南、昆明、沈阳、大连、苏州、六安、太原、合肥、宁波、长春、福州、青岛、长沙、石家庄、厦门、贵阳、南宁

资料来源：根据2004年、2007年、2012年和2018年《中国城市统计年鉴》计算整理。

表 3-15　2003~2017 年生活性服务业集中度及其主要集聚地

年份	集中度（CR30）	主要集聚地
2003	0.502	北京、上海、哈尔滨、广州、天津、武汉、重庆、深圳、西安、郑州、成都、沈阳、杭州、南京、长春、石家庄、大连、昆明、太原、长沙、新余、青岛、济南、南阳、贵阳、崇左、福州、大同、周口、乌鲁木齐
2006	0.530	北京、上海、广州、深圳、海口、天津、哈尔滨、重庆、西安、武汉、新余、杭州、济南、长沙、郑州、成都、沈阳、贵阳、石家庄、南京、长春、大连、昆明、青岛、南宁、南阳、福州、太原、厦门、宁波
2011	0.586	北京、上海、广州、深圳、杭州、天津、重庆、宣城、武汉、六安、西安、济南、长沙、南京、成都、昆明、哈尔滨、沈阳、大连、郑州、福州、厦门、宁波、长春、贵阳、合肥、青岛、宜昌、孝感、石家庄
2017	0.604	成都、北京、上海、深圳、广州、六安、重庆、杭州、天津、武汉、西安、南京、苏州、郑州、昆明、厦门、廊坊、济南、哈尔滨、襄阳、青岛、福州、长沙、宜昌、十堰、合肥、长春、东莞、孝感、沈阳

资料来源：根据 2004 年、2007 年、2012 年和 2018 年《中国城市统计年鉴》计算整理。

表 3-16　2003~2017 年公共服务业集中度及其主要集聚地

年份	集中度（CR30）	主要集聚地
2003	0.289	北京、上海、重庆、天津、广州、成都、哈尔滨、武汉、石家庄、沈阳、长春、保定、西安、杭州、南阳、郑州、南京、周口、临沂、济南、潍坊、青岛、徐州、商丘、菏泽、济宁、唐山、长沙、邯郸、昆明
2006	0.290	北京、重庆、上海、天津、广州、成都、武汉、哈尔滨、杭州、石家庄、沈阳、长春、保定、西安、郑州、南阳、济南、南京、临沂、青岛、潍坊、周口、昆明、唐山、深圳、济宁、邯郸、菏泽、商丘、长沙
2011	0.332	北京、重庆、上海、广州、成都、天津、杭州、哈尔滨、西安、沈阳、石家庄、深圳、保定、长春、南京、长沙、邯郸、南宁、昆明、徐州、唐山、合肥、宁波、温州、苏州、福州、沧州、赣州、大连、衡阳
2017	0.298	北京、重庆、上海、成都、广州、天津、杭州、郑州、武汉、西安、南阳、哈尔滨、深圳、南京、石家庄、青岛、沈阳、苏州、长春、昆明、福州、保定、济南、南宁、温州、长沙、潍坊、临沂、赣州、邯郸

资料来源：根据 2004 年、2007 年、2012 年和 2018 年《中国城市统计年鉴》计算整理。

通过对我国 283 个地级及以上城市 2003~2017 年制造业、生产性服务业、生活性服务业和公共服务业前 30 位集中度以及产业集聚地的变动态势进行分析，结果表明，我国的产业集聚现象十分明显，2003~2017 年制造业前 30 位集中度缓慢上升后又略有下降，由 0.452 上升到 0.500，之后又下降到 0.495。生产性服务业和生活性服务业前 30 位集中度均呈现出明显的上升趋势，分别由 0.490、0.502 上升到 0.593、0.604。生产性服务业涉及的五个细分行业前 30 位集中度均呈现上升的趋势，其中信息传输、计算机和软件业集中度上升最快，2003～2017 年由 0.486 上升到 0.735，其次是金融业由 0.366 上升到 0.461。生活性服务业中房地产行业前 30 位集中度在 2017 年略有下降，其他四个行业均呈现上升趋势，其中批发和零售业前 30 位集中度上升最快，2003～2017 年由 0.461 上升到 0.609。而公共服务业前 30 位集中度较小且呈现微小的波动，说明了公共服务业的特殊性及普惠性，各地市政府都在努力提高公共服务水平。从主要集聚地来看，产业集聚地分布相当不平衡，江苏、广东、山东、浙江和上海集聚了绝大部分制造业、生产性服务业和生活性服务业。

从全国从业人员来说，2003～2017 年，全国制造业从业人员总数经历了先上升后下降的趋势，生产性服务业、生活性服务业和公共服务业从业人员总数均呈现不同程度的上升，其中生产性服务业从业人员总数上升最快，这在一定程度上说明了随着制造业的发展壮大、产业结构的优化升级以及制造业的服务化，必然会有更多的劳动力转向服务业。

3.4 本章小结

城镇化通常伴随着工业化的进程而推进，而新型城镇化是伴随着产业结构转变、产业集聚的进程而推进的，从一个发展阶段向更高阶段的跃进都是通过产业结构转变、产业集聚扩散来推动的。基于此，本章对新型城镇化和产业集聚状况进行了测评。首先，参考工业化阶段的划分标准提出了新型城镇化阶段的判别标准，在此基础上提出了新型城镇化综合评价指标体系，并对 283 个地级及以上城市新型城镇化阶段进行判断，进而测度了新型城镇化综合效用。其次，采用区位商、行业地理集中度对 2003～2017 年 283 个地级及以上城市制造业、生产性服务业、生活性服务业、公共服务业的集聚情况进行分析。得出如下结论：

（1）2003～2017 年，我国新型城镇化水平呈缓慢上升的趋势，但城镇化质量

不高，仍然处于新型城镇化初期阶段。从地级市层面来看，2017年，没有城市步入新型城镇化后期阶段；处于新型城镇化初期阶段的17个城市新型城镇化综合效用值全部较低；处于新型城镇化后期阶段的26个城市新型城镇化综合效用值均较高。因此，新型城镇化综合效用值基本能反映新型城镇化阶段。总体而言，东部地区的城市新型城镇化水平普遍较高，西部地区的城市新型城镇化水平普遍较低。

（2）基于区位商测度的产业集聚表明，2003~2017年，制造业、生产性服务业、生活性服务业的集聚趋势较为明显，公共服务业没有呈现出集聚趋势。通过对283个地级及以上城市2003~2017年制造业、生产性服务业、生活性服务业和公共服务业的区位商变动态势进行分析，可以发现，制造业区位商大于1的城市以东部、中部的大中城市为主；生产性服务业区位商大于1的城市以大城市、省会城市为主；生活性服务业区位商大于1的城市以大城市为主。个别生产性服务业、生活性服务业区位商大于1的中小城市则可能是由于其他产业发展不足而造成的，也可能是个别异常值。对于公共服务业而言，区位商大于1的城市以中部、西部地区的中小城市为主，说明中、西部地区中小城市的其他产业没有发展起来而造成的公共服务业区位商相对较高，此外，由于公共服务业的特殊性，没有呈现出集聚趋势。

（3）基于行业集中度测度的产业集聚表明，2003~2017年，制造业集聚水平呈现先上升后下降的倒“U”形趋势，生产性服务业和生活性服务业集聚水平呈现缓慢上升的“S”形趋势，而公共服务业集聚水平较低且变化不大。通过对283个地级及以上城市2003~2017年制造业、生产性服务业、生活性服务业和公共服务业前30位集中度以及产业集聚地变化情况进行分析，可以发现，产业集聚地分布相当不平衡，江苏、广东、山东、浙江和上海集聚了绝大部分制造业、生产性服务业和生活性服务业。但值得注意的是，近些年，东部地区城市的制造业集聚水平有所下降，生产性服务业集聚水平有所上升；而中西部地区城市的制造业集聚水平有所上升。

（4）基于上述研究，总体上，除个别城市外，新型城镇化综合效用指数较高的城市，生产性服务业、生活性服务业区位商较高；新型城镇化综合效用指数中上的城市，大多制造业区位商较高；而新型城镇化综合效用值中下、较低的城市，大多公共服务业区位商较高。

第4章　新型城镇化与产业集聚的理论框架

在高质量发展的背景下，新型城镇化和产业集聚双轮驱动，是新一轮经济增长的重要推动力，也是经济结构调整的必然要求。尽管新型城镇化与产业集聚二者之间互动发展对于区域经济发展的重要性已达成共识，但是仍然需要进一步研究二者之间是如何互动的。本章将城镇系统与产业系统置于统一的分析框架中，首先阐述了新型城镇化与产业集聚二者之间的关系，及产业集聚的阶段性。其次揭示了新型城镇化与产业集聚互动发展的内涵及动力机制，并建立理论模型，进一步说明新型城镇化与产业集聚的互动是伴随着产业结构的升级进行的。最后基于新型城镇化的阶段具体阐述了新型城镇化与产业集聚的互动过程，并提出了三个理论假说，从而为后面章节的实证分析提供了理论依据（见图4-1）。

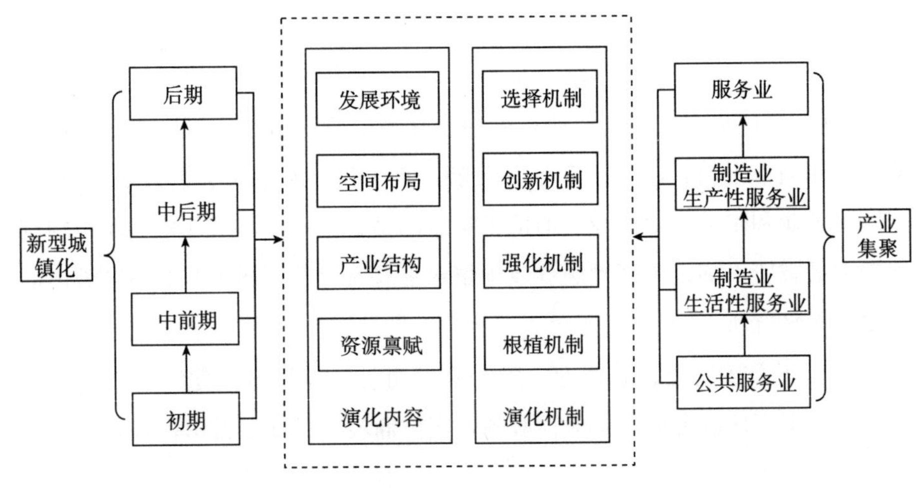

图4-1　新型城镇化与产业集聚互动的理论框架

4.1 新型城镇化与产业集聚的关系

新型城镇化与产业集聚二者之间相互促进。一方面，城镇本质上是各种经济活动在某一地理空间上进行大规模集中发展的产物，城镇作为经济活动的载体，为产业发展提供了空间，新型城镇化进程的加快，优化了城镇的发展环境，促进了产业的升级，从而带来了高层次的产业集聚（刘望辉、张奋勤等，2015）。另一方面，产业为城镇的发展提供了支撑，产业在集聚的过程中促进了城镇产业发展功能的提升，产业的发展又会提升城镇吸纳就业的功能，带来人口的集聚，人口的集聚必然要求公共服务功能的提升。此外，产业在地理空间上的集中，促进了技术和知识外溢，进而促进产业结构升级，这就要求要素结构的升级，这样累积循环推动新型城镇化的发展。

4.1.1 城镇是产业集聚的空间载体

区域经济空间是产业集聚发展不可或缺的载体，城镇作为一个资源共享的平台，通过提供生产要素、创造良好的制度环境、加强基础设施建设、激发消费需求等方式为产业集聚发展提供适宜的环境，便于区内企业之间加强合作。城镇各部门之间的专业化分工和相互合作将各种要素集聚在一起，使得城镇成为各种生产要素的集中地，并且在各种生产要素之间形成复杂的关系网络。由此，在新型城镇化过程中汇聚了大量的人力资源，形成了较为完善的基础设施、相对配套的公共服务，这些都为产业的集聚发展提供了条件。随着新型城镇化水平的不断提升，居民素质不断提高，科技创新能力不断加强，产业结构趋于高级化，促进更高层次的产业形成集聚（王亚飞、廖甍等，2019）。新型城镇化的快速发展将会不断优化产业发展环境，为产业集聚的高端化、智能化发展创造条件。

新型城镇化质量的高低直接影响着产业集聚的质量，新型城镇化质量越高，说明居民的幸福感越强，居民的幸福感最直接的表现就是居民的消费，包括物质和精神两个层面的消费，而满足居民多样化、个性化需求必然要求产业的高端化、多样化。由此，新型城镇化的高质量必然有高质量的发展环境，从而吸引高质量的人才、高质量的要素，创新活力随之增强。随着人口的集聚，城镇空间不断拓展，交易空间不断集聚，同时带来了生活性服务业和公共服务业的市场需求，使得产业集聚的空间得以拓宽，生产性服务业需求不断增加，带动了新兴产业的发展和传统产业的升级，促进产业集聚进入更高层次（孙叶飞、夏青等，2016）。新型城镇化的发展提升了承载创新要素的能力，同时又汇聚了创新要素，促进了要素集聚的外部性，从而促使产业高端化、智能化、网络化发展，产业集聚水平随之提高（吴福象、沈浩平，2013）。

4.1.2 产业集聚是新型城镇化的基本动力

新型城镇化的本质是以人为本，要求城镇化的高质量、城镇功能的提升，要能解决农民进城后的就业、住房、社保以及子女教育等社会问题，这些都需要产业的支撑。新型城镇化的关键就是能否形成具有竞争力的产业集聚。第一，城镇产业的发展最直接的收益就是自我造血功能增强，财政收入增加，可以用一部分资金来提升公共服务水平，因此，产业的发展与集聚是城镇的产生与发展的基础。第二，产业集聚所带来的规模效应可以使企业共享劳动力、基础设施、信息技术等资源，有效降低企业的生产成本，吸引更多的企业聚集，进而推动城镇空间的拓展（安树伟、张晋晋，2020）。第三，产业的快速发展促进了城镇吸纳就业功能的提升，从而带来人口的集聚，相应的公共服务必须加强，生活性服务业需求快速增加，服务行业日益繁荣，基础设施建设不断完善，城市地理空间不断拓展，由产业集聚形成的广阔市场促进了城镇环境的改善，进而推动了城镇化进程（刘望辉、张奋勤等，2015）。第四，产业集聚集所带来的技术溢出效应推动产业结构高级化（张新芝、李政通，2016），促进城镇吸纳更高端的生产要素，有助于劳动生产效率的提高，收入水平也随之提高，消费需求扩大，进一步激发产业的发展，加快新型城镇化进程。第五，产业集聚发展优化了城市的土地利用结构，促进了城市功能分区的形成（杨婉月，2006），进而增强城镇的承载能力。

4.2　产业集聚的阶段性

产业集聚是伴随着产业结构变迁的渐进的动态系统演化过程，有其自己的演化规律和生命周期（吴丰林，2017）。产业集聚是具有生命周期的，过程为萌芽、成长、成熟和衰退，之后可能消亡，也可能升级进入到下一个周期，呈现螺旋式的上升和提高趋势，如图 4-2 所示。

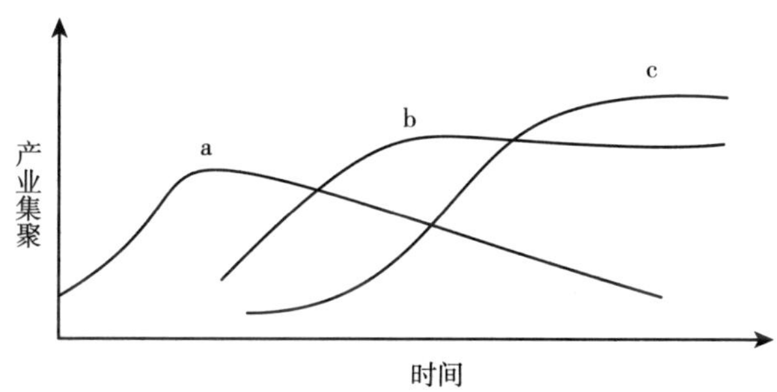

图 4-2　产业集聚的生命周期

资料来源：吴丰林．城市产业集聚动力与模式研究［M］．北京：知识产权出版社，2017：36.

4.2.1　萌芽期

在这个阶段，一个新的产业通常借助于某些特殊的历史环境、资源禀赋、区位条件、早期企业家的创业精神或者一些偶然因素等，逐渐在某个区域开始集聚成长，由于市场的不确定性，集聚区内只有少数的几个小规模企业零散分布，处于横向专业化分工的初级阶段。在这一阶段，尚未形成配套的产业链，集聚的专业化竞争优势还没有显现，从严格意义上讲，还算不上产业集聚。集聚区内企业的创新动力尚显不足，因此集聚区内企业不仅存在相互之间的模仿，也存在对集聚区外的企业的模仿，通过在模仿中学习，可以逐渐培育出创新能力和提高竞争力。

4.2.2 成长期

步入成长期，产业所提供的产品或者服务有了一定的消费群体，市场需求随之扩大（王媛玉，2019）。随着产业集聚的快速发展，规模经济、外部经济和协调成本下降等开始发挥重要作用，集聚产业在横向和纵向上都迅速扩张，从而导致更多的同类企业集聚。企业聚集现象越来越明显，从而加快企业之间的互动与合作，企业家群体逐渐成长，产业集聚区内的创新活动越来越活跃，企业家精神在产业集聚发展过程中的作用越来越强。在这一时期，随着生产同类产品的企业、纵向联系的企业和相关机构的大规模集中，集聚的网络效应开始形成，并通过各种正式的或非正式的联系逐渐增强，促使产业集聚竞争力的迅速提升。

4.2.3 成熟期

随着完整互补的产业链逐步形成，企业的创新能力不断增强，企业的分工不断细化，一系列外部公共服务体系如行业组织、中介组织和政府机构等也不断完善，产业集聚开始进入成熟阶段，集聚的竞争力较强并逐步趋于稳定。经过一段时间的大规模学习、模仿和创新之后，集聚区内的企业运行态势趋于平稳，集聚优势持续发挥作用，市场呈现饱和状态。在这一阶段，集聚处于最佳状态，集聚的创新与维持达到了一个平衡点。随着集聚规模的不断扩大，集聚逐渐步入衰退期，集聚效应出现了规模不经济的负效应。

4.2.4 衰退期

在成熟阶段后期，由于外部环境的变化和内部矛盾的积累，集聚的竞争优势将会逐渐丧失，从而导致集聚的衰落。在集聚的内部，“搭便车”行为和组织结构的刚性导致了保持集聚活力的创新停滞，企业的恶性竞争削弱了集聚的效率优势。再加上外部市场环境的恶化，集聚的竞争优势丧失，大量的企业转移或者退出。在这一时期，由于外部市场环境的巨大变化，技术创新体系崩溃，集聚区内企业的经营成本增加，企业在本地的发展受到限制，不断向外转移，转移到适合自身发展的地区寻求新的竞争优势，而本地的集聚规模趋于萎缩，出现集聚的衰落甚至消亡。

4.2.5　复苏期

产业集聚衰退期过后，将会出现两种情况：一是集聚不能实现创新，原有的产业集聚将逐渐从衰退中消失；二是通过调整产业的内部关系，改善内外部环境，或者通过创新活动带来产业优化升级，产生新的竞争优势，重新激发集聚活力，促进产业集聚向更高层次发展，即充分发挥集聚的内外部优势，实现成功升级。这一阶段，原有产业集聚逐渐消亡，新一轮产业集聚逐步进入萌芽阶段。

4.3　新型城镇化与产业集聚互动发展的内涵

新型城镇化与产业集聚二者均是持续的和动态的发展过程，目前对于新型城镇化与产业集聚二者之间互动发展的分析还处于探索中，缺乏较为具体深入的研究，但在多元化因素共同作用下是有共识的，这从本书第 2 章的文献梳理中也不难发现，新型城镇化与产业集聚这一复杂、动态过程受到自然、经济、社会等各个方面的多重因素的影响。本章认为新型城镇化与产业集聚互动发展实质上是伴随着资源禀赋改变、产业结构升级、空间布局优化、发展环境改善的产城人融合的过程，因此，下面将基于微观的城市层面，从资源禀赋、产业结构、空间布局和发展环境四个方面的耦合①来阐述新型城镇化与产业集聚互动发展的内涵。

4.3.1　资源禀赋的耦合

资源禀赋是城镇与产业发展的基础，一个地区最初的自然资源禀赋和劳动力对产业早期的形成与发展具有决定性的作用（王媛玉，2019）。随着城镇和产业的发展，资源禀赋的耦合主要包括土地、劳动力、资本和技术四个方面。新型城

① 耦合是物理学上的一个基本概念，是指两个或两个以上的电路元件或电网络的输入与输出之间存在紧密配合与相互影响，并通过相互作用从一侧向另一侧传输能量的现象，耦合关系在电学里经常存在，也可以用来形容两个事物之间相互作用、相互影响、相互适应的动态互动关系。

镇化的发展促进了劳动力、资本和技术等生产要素在城镇的集聚与重新配置，生产要素空间集聚的基础是产业（杨占锋、段小梅、向琳，2019），产业集聚为新型城镇化的发展提供了人力、资本和技术支持（梁雯、孙红，2019）。土地耦合表现为对土地资源的合理开发利用，产业集聚形成产业园区，城镇化发展形成合理的城市功能分区，即产业空间布局与城市功能分区的统一。劳动力耦合主要表现为劳动力需求与供给之间的高质量匹配，产业集聚发展要求劳动力质量提高且数量增加，而新型城镇化带来了人口集聚及劳动力技能的提升，即劳动力供给与需求的统一。资本耦合表现为产业发展为城镇化推进积累了资本，城镇化带来相对完善的金融体系以及发达的资本市场为产业集聚提供了资本支持，即资本供给与需求的统一。技术耦合主要表现为城镇孕育了技术研发的环境，而产业集聚为技术研发的产生提供了可能，同时城镇与产业的发展又需要技术的推动，具体表现为城镇的技术研发优势向产业的渗透扩散过程，进一步提高产业集聚的发展水平，增强城镇竞争力（于斌斌，2015）。城镇与产业两大系统相互作用，在资源禀赋方面持续互动产生累积因果效应，推动新型城镇化水平的提高和产业集聚的发展。

4.3.2 产业结构的耦合

产业结构的演变与城镇资源、人口、经济等方面密切相关，直接影响城镇系统与产业系统的协调发展（王智勇，2013）。新型城镇化实质上是产业结构由低级向高级逐渐演变的过程，而产业结构的演进将会促进城镇化质量的提高（魏敏、胡振华，2019）。产业结构影响城镇化发展的规模和速度，并影响新型城镇化与产业集聚的关系，通过产业结构合理化与高端化的统一，促进新型城镇化的健康发展。克拉克和霍利斯·钱纳里提出了产业结构变化推动城市化发展的观点，随着三次产业地位和比重的变化，产业结构由低向高不断演化，城镇化水平不断提高。配第-克拉克定理还揭示了在三次产业分布中劳动力比重的变化规律，即劳动力从第一产业向第二产业、第三产业转移，而第二产业和第三产业主要集中在城镇。因此，产业结构升级体现了人口向城镇的集中，城镇人口规模扩大。由此，城镇系统和产业系统在产业结构方面的耦合主要体现在以下三个方面：一是新型城镇化发展带来城镇生活水平的提高引致的消费需求，与产业集聚带来的

相关产业发展引致的产品与服务供给之间的耦合，会进一步推动新型城镇化发展和产业结构优化升级。二是新型城镇化带来人口与制造业的集聚，人口集聚带来生活性服务业的发展，同时人口集聚对生活性服务业的需求增多；制造业集聚促使生产性服务业从制造业中分离，并进一步强化生产性服务业的发展，同时制造业集聚发展对生产性服务业的需求增多（于斌斌，2015），生活性服务业与生产性服务业的集聚发展又进一步地促使城镇系统与产业系统的发展。三是随着城镇系统和产业系统的发展，城镇中的生产性服务业与制造业之间的耦合可以有效降低制造业的生产成本（Markusen J. R. , 1989）。新型城镇化与产业集聚二者在产业结构的耦合中不断提升发展质量。

4.3.3　空间布局的耦合

新型城镇化要求城镇体系的布局要依托生产力布局，结合主体功能区规划，考虑重要的交通线路发展趋势以及区域内的产业布局，促使城镇系统与产业系统实现空间上的耦合（王琦、陈才，2008）。产业布局重点考虑生产成本高低、市场份额大小和集聚效益等，同时产业布局要根据城市的功能定位，以资源禀赋为基础，预留产业升级发展空间，形成城市区域空间的分工与合作，促进产业系统与城镇系统在空间上的耦合（李秋颖、方创琳、王少剑等，2015）。产业集聚发展的过程，伴随着城市地理空间的拓展，同时也带动着城镇土地利用结构由单一走向多样化，城镇空间结构也逐步优化（刘习平，2018）。城镇系统与产业系统空间布局的耦合主要包括两方面：一是宏观层面上，社会生产力的总体布局与城镇体系布局相匹配。在产业集聚初期，由于根植机制的作用，各地主要依赖于当地的土地、劳动力、资本、技术等资源禀赋，不同的资源禀赋形成了产业的区域差异，在强化机制的作用下，大量企业继续向要素相对密集的区域进一步集聚。在城镇化过程中，要素也会不断地向优势城镇集中（Duranton G. & Puga D. , 2004）。二是微观层面上，产业的区位选择与城市的功能分区相匹配。产业结构的优化带来的产业集聚与转移改变人口布局，进而改变城镇空间布局，推动城镇规模扩张，推动城镇系统与产业系统在空间布局上的耦合。

4.3.4 发展环境的耦合

任何产业集聚的形成与发展都根植于当地的发展环境，包括市场、制度、文化与生态环境等，同时产业集聚也会反作用于当地的发展环境，二者相互作用，最终实现城镇系统与产业系统发展环境的耦合。城镇能否形成产业集聚的关键之一就是发展环境的优劣，成熟且良好的市场环境可以为市场机制下资源的有效配置提供保障。城镇系统良好的制度环境可以为产业发展提供公平竞争的环境，有利于创新的产生与发展（王缉慈等，2019）。文化环境是受政治与经济、历史与地理、价值与思维、传统与习俗等诸多因素影响的一个复杂的多层次环境体系，在文化环境的推动作用下，城镇与产业协调互动发展。生态环境是关系城市经济社会可持续发展的复合系统，是人类赖以生存与发展的水、土、气候等资源的综合体，良好的生态环境有利于居民更好地投入到生产与生活活动中。当产业系统依据城镇系统的发展环境进行适应性调整时，又会推动城镇系统孕育的发展环境与产业集聚要求的发展环境不断匹配，二者之间相互调整与适应，促进城镇功能的进一步完善和发挥，并提升产业集聚水平。

4.4 新型城镇化与产业集聚互动发展的动力机制

达尔文建立的生物进化论不仅适用于生物系统，也适用于经济社会系统。新型城镇化与产业集聚均是自适应、自协调、自组织的有机系统，其发展演化均是在一定的约束条件下，资源禀赋、产业结构、空间布局、发展环境四个方面相互适应调整的过程，其互动发生在经济社会系统的各个层面，彼此之间相互影响，具有自组织理论特征（于斌斌，2018）。黄凯南（2009）将达尔文的“遗传、变异和选择”转化为“创新、选择和扩散”，用于分析经济系统的演化。于斌斌（2018）基于“创新、选择和扩散”分析了产业集聚与城市化的演化。基于上述研究，本书认为新型城镇化与产业集聚互动发展主要基于“根植、强化、创新、

选择”四种机制。根植机制是经济社会发展的基础，强化机制是经济社会发展的加强机制，创新机制是经济社会发展的根本力量，选择机制是经济社会发展的适应过程。

4.4.1　根植机制

根植机制源于资源禀赋，地方独特的资源禀赋是生产集中和要素集中的开始，其连同当地独特的发展环境共同推动了特定产业集聚和城镇化。对于一个城镇来说，每个时点上拥有的自然资源、劳动力、资本、技术等要素禀赋及要素禀赋的结构，决定了那个时点上的产业结构和城镇化（林毅夫、蔡昉、李周，2013）。城镇之间产业分工与合作的基础就是当地的资源禀赋和区位条件，城镇的资源禀赋差异影响着产业集聚的空间差异（梁琦、钱学锋，2007）。城镇发展在一个行业有历史偶然性的因素，但一定是具备了关键性的要素（宋泓，2005），一旦一个行业开始形成，只要城镇具备条件，其他的生产要素也会被城镇与产业不断吸引，并促进该行业成长，城镇也会因此得到发展（李景海，2016）。新建企业在选择区位时会被当地现有激励所吸引，它们比现有企业更能预示区域未来经济的走向，而这些现有企业的决策也受之前企业区位决策的影响，区域原有产业将对新建企业的区位决策产生重要影响。此外，城镇的产业政策对产业集聚也有很大的影响，也可能促成产业集聚的发展（惠宁，2008），当地的社会文化环境也决定了当地的经济活动（陆根尧、邵一兵、赵丹等，2014）。

4.4.2　强化机制

新型城镇化与产业集聚互动发展的理论基础是集聚经济（景普秋、张复明，2004）。集聚经济的存在强化了新型城镇化的发展和产业的进一步集聚。马歇尔将影响集聚的三个最重要因素归结为劳动力市场共享、投入共享和知识外溢。企业集聚在一起取决于集聚所带来的收益以及所产生的成本之间的权衡，产业集聚会减少基础性开支、节约运输成本等（安虎森，2004）。产业集聚带来内部和外部公共物品的提供以及中介组织的发展。企业为了利用规模经济在空间上集聚，当产业集聚能够提供更多的就业机会和更大的发展空间时，就会形成一个共享的劳动力市场。由于人力资本外部性带来了正式和非正式的知识溢出，促进了企业创新，因此，产业集聚具备外部规模经济，并促进整体经济的发展。新型城镇化是在集聚和扩散力量的推动下发展的，产业和要素集中在一定的空间，产生集聚效应和吸引力。集聚是导致城市形成和不断扩大以及促进区域发展的基本因素，城市集中可以提供范围更广泛的公共设施，如公共交通、教育设施、娱乐设施等。此外，提供某些公共服务事业都有人口规模门槛，比如交通运输业（Button K. J.，1976）。由此，由于聚集经济的存在，新型城镇化与产业集聚的互动会进一步加强。各地区在充分考虑自身发展的产业基础、资源禀赋及区位优势的现实下，选择符合本地区发展需要的产业，并提升产业发展的竞争优势。

4.4.3 创新机制

创新是城镇系统和产业系统演化发展的原动力。创新需要企业之间在地理上邻近，城镇空间是连接社会网络和创新生态系统的一个重要平台（王缉慈等，2019）。在城镇系统与产业系统的互动中，各种资源禀赋在产生、使用和扩散的过程中互动发展，产生的技术与市场机会不断匹配，形成创新系统（Lundvall B. A.，1992）。城镇系统和产业系统内的创新交互作用，共同推动新型城镇化水平的提升和产业集聚的发展（贺灿飞，2018）。熊彼特把企业家精神作为一种关键的生产要素，通过改变生产函数实现产出的增加，即技术的创新（Schumpeter J.，1934；熊彼特，1990）。企业家通常拥有卓越的市场洞察能力，并为新兴市场技术提供资本，是创业活动的主要推动者。企业家最直接的创新活动就是技术和市场的创新，并间接作用于制度创新。企业家的能力对企业的成长有决定性的影响，企业家主导的区位选择决定了在何地进行管理、研发、生产和销售活动，进而影响产业在何地集聚（李景海，2016）。企业家自身的社会资源形成的社会网络与产业链上下游产业之间形成的产业网络的互动联系，促进了物质、资本、技术和信息的交流，促进要素向城镇集中、产业向园区集中。

在新型城镇化与产业集聚二者互动发展的初始阶段，由于市场消费需求的不确定性，企业家凭借自身实力进行一些试探性的创新。随着新型城镇化与产业集聚二者互动的强化，企业家将会迅速采取行动，将技术创新与市场进行匹配，以便在其他行为者复制创新之前获取创新的收益。这时创新便会成为新型城镇化和产业集聚发展的竞争战略，政府通过制定适应本地生产生活环境的公共政策来提

升新型城镇化水平，并支持创新创业活动。城镇系统与产业系统二者之间的创新活动频繁互动又会激发新的创新。伴随着创新，新型城镇化和产业集聚二者之间互动发展，推动着城镇系统和产业系统不断向高端化和智能化发展。

4.4.4　选择机制

城镇化系统与产业系统二者的发展是与其所处的各种环境共同演进发展的过程，由此衍生出了选择机制，包括社会选择、市场选择和政府选择三个方面。城镇系统和产业系统中的相关微观主体之间相互作用的风俗习惯、思想道德规范等社会文化系统形成了社会选择机制，对城镇系统中的微观主体居民与产业系统中的微观主体企业家产生影响，进而影响居民的消费习惯与企业家的创新行为（Henrich J.，2004）。此外，政府和市场在社会选择中也发挥一定的作用。城镇系统和产业系统二者的市场规则依赖于市场选择机制（Hanusch H. & Pyka A.，2007），如城镇系统与产业系统相互作用形成的选择环境，对产品、服务、技术进行市场选择，由市场选择自发驱动城镇系统和产业系统的发展。各种制度规范构成政府选择机制，对城镇系统和产业系统有着重要的影响，如国土空间规划、城市发展规划、土地利用规划、产业发展规划、环境规划等，由政府通过战略规划导向促进新型城镇化和产业集聚的发展。由此，新型城镇化和产业集聚是在文化传统、市场环境、政府政策之间错综复杂的相互作用基础上选择的结果。

4.5　新型城镇化与产业集聚互动的理论模型

为了进一步说明新型城镇化与产业集聚二者之间的互动是伴随着产业结构的优化进行的，在此通过构建下述理论模型加以说明。

4.5.1　基础模型构建

假设一个地区只有两个部门，即城镇部门和农村部门，城镇部门主要有制造业和服务业，农村部门主要是农业。

（1）城镇部门。对于城镇部门，由于集聚效应的存在，假设人力资本水平不变，那么人口越多且越集中，彼此之间的交流互动就越多，就越容易产生知识外溢。基于此，构建城镇部门的固定替代弹性生产函数（Constant Elasticity of Substitution Production Function），具体如式（4-1）所示。

$$Y=A[(aL)^{\rho}+(bK)^{\rho}]^{\frac{1}{\rho}} \tag{4-1}$$

$$A=(hN)\delta \tag{4-2}$$

式（4-1）中，单个企业的产出 Y 取决于劳动力投入 L、资本投入 K，而且还取决于城镇的聚集效应 A，相当于技术进步，且 $a>0$，$b>0$，$\rho<1$。式（4-2）中，城镇的聚集效应 A 取决于人力资本水平 hN，其中 N 为人口总量，h 为人力资本系数，δ 为人口集聚带来的知识外溢效应，且 $\delta>0$。

在产量不变的条件下，假设企业追求成本最小化：

$$\underset{L,K}{\mathrm{Min}}\,C=PK+WL \tag{4-3}$$

式（4-3）中，企业的成本 C 取决于资本价格 P、资本投入 K，以及劳动力工资 W、劳动力投入 L。

进一步建立拉格朗日方程：

$$LR=PK+WL+\lambda\left[\frac{Y^{\rho}}{A^{\rho}}-(aL)^{\rho}-(bK)^{\rho}\right] \tag{4-4}$$

通过一阶条件可以得到生产函数最优投入组合：

$$L=\frac{Y\left(\frac{W}{a}\right)^{\frac{1}{\rho-1}}}{aA^{\rho}\left[\left(\frac{W}{a}\right)^{\frac{\rho}{\rho-1}}+\left(\frac{P}{b}\right)^{\frac{\rho}{\rho-1}}\right]^{\frac{1}{\rho}}} \tag{4-5}$$

$$K=\frac{Y\left(\frac{P}{b}\right)^{\frac{1}{\rho-1}}}{bA^{\rho}\left[\left(\frac{W}{a}\right)^{\frac{\rho}{\rho-1}}+\left(\frac{P}{b}\right)^{\frac{\rho}{\rho-1}}\right]^{\frac{1}{\rho}}} \tag{4-6}$$

通过式（4-5）、式（4-6）可以发现，在产量、生产要素价格不变的条件下，聚集效应越大，对生产要素投入的需求就越少，即聚集效应可以促进生产力水平的提高。

（2）农村部门。对于农村部门而言，主要是以家庭为单位进行生产，集聚效应很小，基本可以忽略。由此，构建农村部门的柯布-道格拉斯（C. W. Cobb; P. H. Douglas）生产函数，具体如式（4-7）所示：

$$Y_0 = A_0 L_0^{\alpha} K_0^{\beta} \qquad 0<\alpha<1,\ 0<\beta<1 \tag{4-7}$$

式（4-7）中，农业家庭的产出 Y_0 不但取决于劳动力投入 L_0、土地资本投入 K_0，而且还取决于农业技术进步 A_0，α 和 β 为产出弹性。

假设农业产品价格为 P_0，投入农业的土地资本价格为 P_{0K}，则农业人员的人均收入为：

$$W_0 = \frac{A_0 L_0^{\alpha} K_0^{\beta} \cdot P_0 - K_0 \cdot P_{0K}}{L_0} \tag{4-8}$$

根据式（4-8）可以发现，农民的人均收入与农业技术水平呈正相关关系，与家庭人口规模、土地资本价格呈负相关关系。

如果把人力资本的机会成本考虑在内，农业人员的经济利润可以表示为：

$$\prod\nolimits_0 = \frac{A_0 L_0^{\alpha} K_0^{\beta} P_0 - K_0 P_{0K}}{L_0} - W_E \tag{4 - 9}$$

式（4-9）中，W_E 表示农业人员到城市工作可以获得的期望收入。

（3）新型城镇化过程中的劳动力市场。随着新型城镇化水平的提高、户籍制度的改革、交通的快速发展，城乡之间的通道逐渐畅通，劳动力流动的成本降低，且可以自由流动，逐步形成城乡一体化的劳动力市场。在预期工资收入的影响下，劳动力在城镇部门与农村部门之间流动，更多的是农村部门的劳动力流向城镇部门，直到城镇部门与农村部门之间的收入差距消失。假设城镇部门可以吸纳的就业人口数为 M，城镇部门原有的从业人员数为 N，从业人员数如式（4-5）所示为 L，则劳动力从农村部门流动到城镇部门的预期工资为：

$$W_E = \frac{L}{M+N} \cdot W + \frac{M+N-L}{M+N} \cdot 0 \tag{4-10}$$

当农业人员人均经济利润 $\prod_0 = 0$ 时，城镇部门与农村部门之间的人员流动达到均衡。将式（4-10）代入式（4-9）：

$$\frac{L}{M+N} \cdot W = \frac{A_0 L_0^{\alpha} K_0^{\beta} \cdot P_0 - K_0 P_{0K}}{L_0} \tag{4-11}$$

再将式（4-5）代入式（4-11）中，整理可得：

$$M=\frac{L_0}{A_0L_0^{\alpha}K_0^{\beta}\cdot P_0-K_0P_{0K}}\cdot\frac{Y\left(\frac{W}{a}\right)^{\frac{\rho}{\rho-1}}}{A^{\rho}\left[\left(\frac{W}{a}\right)^{\frac{\rho}{\rho-1}}+\left(\frac{P}{b}\right)^{\frac{\rho}{\rho-1}}\right]^{\frac{1}{\rho}}}-N \tag{4-12}$$

根据式（4-12）可以看出，人口城镇化与城镇部门的生产、农村部门的生产都有关系，即与城镇产业的产出、城镇部门技术水平、生产要素价格、农村家庭人口规模、农业生产技术都有关系。

4.5.2 产业集聚与结构优化

在城镇经济体中，产业部门由制造业部门和服务业部门组成，其生产函数分别为：

$$Y_1(t)=A_1(t)L_1(t)^{a_1}K_1(t)^{b_1}$$

$$Y_2(t)=A_2(t)L_2(t)^{a_2}K_2(t)^{b_2} \tag{4-13}$$

式（4-13）中，A_1（t）和A_2（t）分别表示制造业部门和服务业部门在t时期的技术水平，L_1（t）和L_2（t）分别表示制造业部门和服务业部门在t时期的劳动力投入，K_1（t）和K_2（t）分别表示制造业部门和服务业部门在t时期的资本投入。

由产业集聚所引致的知识溢出效应有力地提升了人力资本的水平，从而使大量投入人力资本的生产性服务业从集聚效应中获得了更多的收益（Fujita & Thisse，2002）。随着集聚效应的发挥，制造业部门和生产性服务业部门之间的技术水平之比A_1（t）/A_2（t）将不断趋于下降，这将导致制造业部门所占的资本和劳动力要素比例不断减少，进而促使产业结构趋于高级化。

4.5.3 新型城镇化与产业集聚的互动

从式（4-12）可以推导出，城镇部门的产业发展能有效吸纳农村部门的转移人口。城镇化的基础就是城镇部门的吸纳就业效应。城镇部门对农村部门从业人员的影响如下：

$$\frac{dM}{dY}=\frac{L_0}{A_0L_0^{\alpha}K_0^{\beta}\cdot P_0-K_0P_{0K}}\cdot\frac{Y\left(\frac{W}{a}\right)^{\frac{\rho}{\rho-1}}}{A^{\rho}\left[\left(\frac{W}{a}\right)^{\frac{\rho}{\rho-1}}+\left(\frac{P}{b}\right)^{\frac{\rho}{\rho-1}}\right]^{\frac{1}{\rho}}}>0 \tag{4-14}$$

根据式（4-14）可以看出，随着城镇部门规模的扩大，更多的农村部门劳动力将流向城镇部门，以获取更高的收益。

结合式（4-2）可以发现，城镇化人口规模越大，城镇集聚效应越强；结合式（4-1）可以发现，城镇聚集效应越强，企业产出越多，从而会吸引更多生产要素来扩大企业规模，带来整个产业的发展，进而通过式（4-14）促进城镇化发展。这样便形成了城镇系统与产业系统二者之间的互动发展。

进一步地，城镇系统与产业系统二者之间的动态互动过程如下：

$$\begin{cases}M_i^t=M_i^t(Y_{1,t}^t)\\A^{t+1}=A^{t+1}(N^t+M_i^t)\\Y_{u,j}^{t+1}=Y_{1,i}^t\cdot A_u^{t+1}\\M_j^{t+1}=M_j^{t+1}(Y_{u,j}^{t+1})=M_j^{t+1}(Y_{1,i}^t\cdot A_u^{t+1})=L_i^t(Y_{1,i}^t)\end{cases} \tag{4-15}$$

根据式（4-15），城镇部门的企业 i 在 t 期的产出 Y_i^t 决定了 t 期可以吸纳的农村部门转移人员数 M_i^t；第 t 期的城镇部门原有从业人员数与新增的农村部门转移人员数（$N^t+M_i^t$）决定了（t+1）期的城镇集聚效应 A^{t+1}；第（t+1）期的城镇集聚效应 A^{t+1} 将会使得企业 i 的产出 Y_j^{t+1} 更大，这会吸纳至少 L_i（Y_i^t）的农村部门转移人口。因此可以看出，新型城镇化通过吸纳农村部门的人口使之转移到城镇部门，进而促进了城镇部门与农村部门整体的生产系统生产能力的提高。通过这种动态互动机制，城镇部门的从业人员与农村部门的从业人员相互转移流动，带动相应的生产要素的流动，进而增强城镇系统与产业系统二者之间的相互促进作用。

在城镇系统与产业系统的互动过程中，在城镇集聚效应的作用下会促进产业链上下游的相关产业发展，进而会带来更大的就业效应，吸纳更多的人口在城镇集聚。人口的集聚产生了多样化的消费服务需求，企业的集聚产生了生产服务的需求，这两方面共同深化了专业化分工和提高了生产率（Rivera-Batiz & Francisco L. , 1988)。因此，随着新型城镇化的发展，要素流动的渠道逐渐畅通，在生产要素自由流动的条件下，城镇的集聚效应会促进本产业内的产业与城镇化互动发展，同时又会促进产业结构趋于高级化，带动相关产业的集聚与新型城镇化二者之间的动态互动发展。随着产业结构的高级化，新型城镇化也将会进入更高的阶段。

4.6 新型城镇化与产业集聚互动的过程

城镇系统与产业系统都是动态的、复杂的系统，具有不同的网络结构和行为特征，彼此相互适应、相互影响。资源禀赋、产业结构、空间布局与发展环境在产业集聚与新型城镇化进程中交织作用，且彼此之间互有重叠、互相强化。对于不同的城镇来说，这些演化内容的初始条件是不同的，在发展中相互作用的组合、模式和强度也不同，进而呈现出差异化的特征（王媛玉，2019）。在新型城镇化的各个阶段，各类产业都对新型城镇化产生影响，同时新型城镇化也反作用于各类产业。伴随着产业结构由简单到复杂、由低级到高级、由刚性到柔性的发展过程（陈含桦，2017），新型城镇化与产业集聚之间的关系越来越紧密，呈现“螺旋式”的上升演化关系。本书认为，新型城镇化与产业集聚互动发展是以资源禀赋为基础，以居民和企业追求高收益为动力，以集聚效应提高劳动生产率为吸引（范剑勇，2006），以资源禀赋改变促进产业结构升级、城镇功能提升的过程。即“资源禀赋—产业发展—人口集中—城镇繁荣—集聚效应—生产率提升—资源禀赋改变—产业结构升级—城镇功能提升—……”的过程，二者在互动过程中不断调整适应从而形成良性循环。下文将按新型城镇化的发展阶段来具体阐述新型城镇化与产业集聚二者之间的互动过程。具体如图 4-3 所示。

4.6.1 新型城镇化初期阶段

在新型城镇化初期阶段，生产力水平低下，城镇功能很弱，初始的资源禀赋对产业的区位选择与初期集聚具有重要影响，产业主要以农业为主，且农业生产

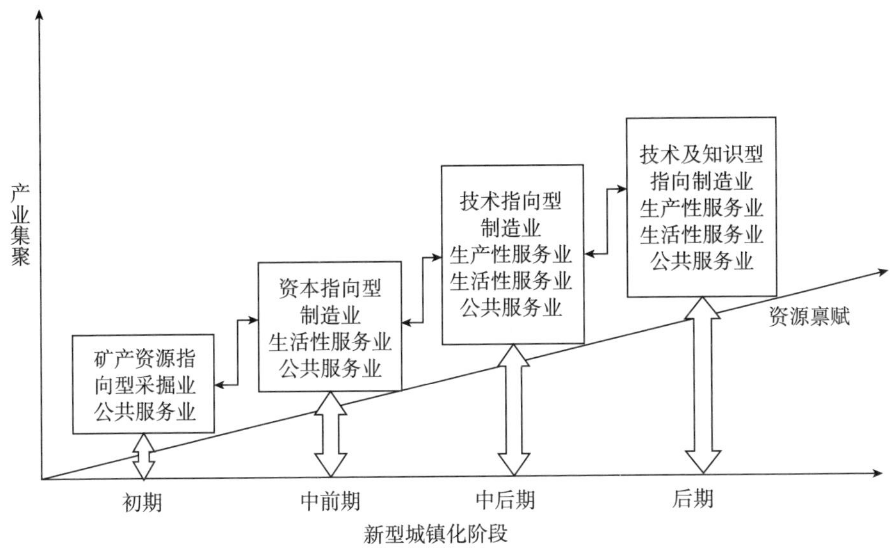

图 4-3　新型城镇化与产业集聚互动的过程

效率低，工业化程度也低，第二产业和第三产业处于发展的起步阶段，且第二产业主要以矿产资源指向型的采掘业为主，第三产业主要以简单的公共服务业为主。由于产业发展水平低，产业功能较弱，由此城镇化缓慢，城镇规模小，城镇化水平低于 30%，城镇功能很弱。在这一阶段，新型城镇化与产业集聚二者之间的互动很弱，主要受根植机制和政府选择机制的影响，政府的政策扶持和规划导向也主要基于当地的资源禀赋和发展环境。

4.6.2　新型城镇化中前期阶段

步入新型城镇化发展的中前期阶段，随着社会生产力水平的提高，工业化水平迅速提高，资本指向型产业逐步崛起，工业的发展促使大量农村部门的劳动力向城镇部门流动，城镇人口迅速增多，城镇繁荣，城镇化率迅速提高，城镇的产业功能提升，吸纳就业的功能也得到提升（魏敏、胡振华，2019）。在这个阶段，根植机制、强化机制、创新机制、选择机制共同作用于城镇系统和产业系统，推动两个系统在资源禀赋、产业结构、空间布局、发展环境方面的耦合。在城镇系统与产业系统互动的初期，在根植机制、强化机制、政府选择机制的作用下，由于集聚经济的存在，生产要素不断流向城镇，产业规模逐渐扩大并不断强化，制造业开始出现分化，在利润最大化的导向下，承担不同生产环节的企业进行选址，在某一地区集中形成产业集聚，处于同一生产环节的企业进行资源共享和信息交换，通过技术和知识溢出，使该地区的同类企业聚集在一起，从而实现整体产业技术水平的提升（王媛玉，2019）。由于城镇要素禀赋、发展能力依然有限，各个城镇承担着自身具有比较优势的制造业环节，制造业的集聚吸纳了大量就业，大量农村部门人口向城镇部门转移，带来了人口在城镇的聚集，由此产生了对生活性服务业和公共服务业的巨大需求。同时产业的发展使得城镇有了造血功能，政府财政收入增加，有财力提升城镇公共服务功能、基础设施水平，进而吸引更多的企业和人口。随着城镇系统市场需求的释放，制造业的专业化集聚以及以生活性服务业和公共服务业为主的服务业的多样化集聚与城镇相互依存、相互影响的关系逐渐增强。随着城镇系统与产业系统互动的加深，对空间布局与发展环境的影响越来越大，逐渐形成生产区、生活区、生态区，市场环境向好；创新机制与市场选择机制的作用不断增强，市场选择机制的影响加强，技术创新与市场需求不断进行匹配，推动新型城镇与产业集聚二者良性互动。

4.6.3 新型城镇化中后期阶段

进入新型城镇化中后期阶段，城镇化水平较高，城镇人口规模较大、整体素质较高，城镇的基础设施相对完善，市场化程度较高，城镇功能较强，整体的发展环境良好，更多的人进入产业系统，市场竞争激烈。在根植机制、强化机制、创新机制、选择机制的共同作用下，城镇系统与产业系统在资源禀赋、产业结构、空间布局、发展环境方面不断交互耦合。随着城镇系统发展环境的向好，技术分工深入发展，产业链进一步分裂、细化和延伸，城镇部门更加丰富多样（王媛玉，2019）。制造业的横向联动和纵向联动形成。在制造业的横向联动方面，以技术、知识、信息等创新性资源共享为基础，产业内部的同类企业或者不同企业在产品技术研发、创新知识学习、市场信息交流等方面相互作用，基于一个技术共享节点就可能引发全面的产业升级效应。在制造业的纵向联动方面，不同地区间的产品投入与产出的联系越来越稳定，产业上下游资源的流动与共享逐渐形成一种固定模式，新型城镇化水平较高的大城市掌握着完整的产业链环节，但由

于产业过度集聚，出现了土地短缺、资源枯竭、环境污染等一系列问题，因此，产业链中技术含量低、产品附加值低的生产环节将转移到新型城镇化发展水平相对较低的地区以寻求新的发展空间，只保留技术含量高、产品附加值高的高端环节以实现经济效益最大化，从而实现本地产业的优化和升级。在这个阶段，随着制造业内部分工的深化，为了能够降低生产成本，提高生产效率，制造业外包服务增加，由此生产性服务业迅速发展。生产性服务业为了降低交易成本，通常选择在制造业集聚区的附近进行布局，二者之间的布局逐步接近，同时生产性服务业的集聚发展也会对新的企业产生吸引力（邓泽林，2013）。制造业和生产性服务业的大发展，吸纳了更多的农村部门人口流向城镇部门，必然带来更多的人口集聚，促使生活性服务业和公共服务业的进一步发展，服务业由于需求的大量释放得到了充足的发展空间。由于制造业的智能化、高端化以及服务业的大发展，劳动力又一次向服务业转移，城镇化的速度逐步放缓。城镇部门的结构开始调整，第二产业所占比重持续下降，第三产业所占比重不断上升（陈建军、陈菁菁，2011）。在这个阶段，生产性服务业发展速度加快，促使大批新兴制造业兴起，创造了新供给，对接新需求，城镇部门更加多样化，制造业的多样化和服务业的多样化并存，共同与新型城镇化发生作用。

4.6.4　新型城镇化后期阶段

进入新型城镇化后期阶段，城镇化速度进一步放缓，学习与共享理念全面渗透，创新文化环境在全社会根植、培育及推广，城市之间的联系更加紧密，城市之间互补的功能逐渐放大，都市圈、城市群逐渐出现。在根植机制、强化机制、创新机制、选择机制的共同作用下，城镇系统与产业系统在资源禀赋、产业结构、空间布局、发展环境方面不断交互耦合。在这一阶段，工业化经过快速发展进入了后工业化时期，第二产业在促进城镇化中的作用逐渐减弱，主导产业向技术密集型和知识密集型产业转变（陆根尧、邵一兵、赵丹等，2014）；第三产业比重非常高，第三产业与城镇化之间的互动促进关系不断加强，成为吸纳就业人口和推动城镇化进程的主要动力。城市生活方式逐渐现代化和个性化，城市居民追求更高的生活品质，高档耐用消费品被推广普及。在产业发展方面，生产性服务业的发展日趋成熟，其对区域内各种资源的吸引力要强于制造业，将会对区内布局的劳动密集型制造业和资本密集型制造业产生强烈的挤出效应，只留下技术及知识密集型的制造业。制造业向外围中小城市大规模转移，而生产性服务业将会继续集聚。随着城市规模的扩大，金融、房地产、商贸、教育等现代服务业所占的比重也越来越大。在这一发展阶段，虽然制造业与生产性服务业在空间上的差异程度会逐渐增大，但由于生产性服务业的辐射能力增强、辐射范围扩大，所以二者发展的融合性会有所提高。人口规模的扩大和人口密度的增加都会带来生活性服务业的发展与完善。由于生活性服务业的服务产品具有生产与消费的同时性（梁华峰，2014），所以生活性服务业会选择在人口集聚的区域布局。随着各个城镇新型城镇化水平的不断提升，工业由于技术的革新发展，对于劳动力的需求越来越低，而此时由于人口的聚集效应产生了源源不断的服务业需求，城镇化与服务业的互动效应从而越来越明显（Kolko J.，2007；宣烨，2012；汪坤，2017）。由此可见，城镇化的推进给第三产业的发展提供了适宜的土壤，第三产业的发展依赖于城镇的发展，城镇化水平越高，对于第三产业的功能需求也越来越多。第三产业的结构升级融入城市发展的进程，通过改变需求、创造需求、满足需求来提升城镇人口生活质量，从而用改进服务、提供新的服务来改善城镇基础设施及发展环境，提升城镇发展质量，二者形成良性循环，最终会推动整个社会和经济的快速发展。在这一阶段，随着科技的发展，人们生活水平提高，各类服务业大繁荣，服务业的多样化程度进一步提高；制造业的专业化程度有所提高，产生更多的高新技术产业，服务业的多样化与制造业的相对专业化共同与新型城镇化发生作用，在创新机制和选择机制的交互作用中，实现产业、城市、人的高质量融合。

在现实中，每个城市所处的发展环境不同，新型城镇化与产业集聚互动机制都有其特殊性，需要具体情况具体分析，但一般性规律是客观存在的。由此，根据上面的分析，本章提出三个理论假说：

假说 1：新型城镇化、公共服务业、制造业、生产性服务业、生活性服务业彼此之间相互联系、相互影响、互促共进。

假说 2：在制造业集聚方式方面，在新型城镇化初期、中前期，主要是制造业的相对专业化集聚对新型城镇化产生推动效应；进入新型城镇化中后期，制造业的相对多样化集聚对新型城镇化的推动效应更为明显。

假说 3：在服务业集聚方式方面，由于服务业的特殊性，服务业的相对多样化集聚对新型城镇化的推动效应更为明显；随着新型城镇化水平的提高，服务业的相对多样化集聚对新型城镇化的推动效应越强。

4.7　本章小结

本章首先阐述了新型城镇化与产业集聚二者之间的关系，即城镇是产业集聚发展的空间载体，产业集聚是新型城镇化发展的基本动力。新型城镇化的发展水平是不断提升的，而产业集聚是伴随着产业结构变迁的渐进的动态系统演化过程有其自己的演化规律和生命周期，进而阐述了产业集聚的阶段性，即萌芽、成长、成熟和衰退，之后可能消亡，抑或升级进入下一个周期，呈现螺旋式的上升和提高。其次阐述了城镇系统与产业系统二者共同演化发展的内容，即资源禀赋、产业结构、空间布局、发展环境；共同演化的动力机制，即根植机制、强化机制、创新机制、选择机制，并构建了理论模型，进一步说明了新型城镇化与产业集聚二者之间的互动是伴随着产业结构的优化进行的。再次基于新型城镇化的阶段具体阐述了新型城镇化与产业集聚的互动过程，认为在根植机制、强化机制、创新机制、选择机制的共同作用下，城镇系统与产业系统在资源禀赋、产业结构、空间布局、发展环境方面不断交互耦合，是以资源禀赋为基础，以居民和企业追求高收益为动力，以集聚效应提高劳动生产率为吸引，以资源禀赋结构提升促进产业结构升级、城镇功能提升的互动过程。最后基于上述分析，从新型城镇化与各类产业集聚整体互动及产业集聚方式对新型城镇化影响的角度，提出了三个理论假说。本书接下来根据理论假说建立模型，对以上三个理论假说进行验证。

第5章　新型城镇化与产业集聚的动态互动关系

探讨新型城镇化与产业集聚之间的关系，不能脱离产业结构调整和升级对产业集聚的影响。城镇系统和产业系统在根植机制、强化机制、创新机制、选择机制的共同作用下，推动两个系统在资源禀赋、产业结构、空间布局、发展环境方面的耦合。在新型城镇化初期，城镇功能较弱，生产力水平较低，初始的资源禀赋对产业的区位选择与初期集聚具有重要影响，产业主要以农业为主，工业化程度较低，第二产业主要以基础资源指向型产业采掘业为主，第三产业主要以城市必需的、简单的公共服务业为主，新型城镇化与产业集聚二者之间的互动程度很低，近似于零。进入新型城镇化中前期，城镇功能有所提升，生产力水平提高，资本指向型产业逐步崛起，制造业开始出现分化，在利润最大化的导向下，承担不同生产环节的企业进行选址，由于城镇要素禀赋、发展能力依然有限，各个城镇承担着自身具有比较优势的制造业环节，制造业的集聚带来了人口在城镇的聚集，由此产生了对生活性服务业和公共服务业的巨大需求。随着城镇系统市场需求的释放，制造业的专业化集聚以及以生活性服务业和公共服务业为主的服务业的多样化集聚与城镇互动关系逐渐增强。随着新型城镇化进入中后期，部分行业的服务属性逐渐深化、加强，从之前从属的工业部门中逐渐剥离出来，发展成独立的服务性行业，即生产性服务业（Abraham & Taylor，1996），这些行业成为独立的产业之后，可以更好地服务于以前的企业和个人，更可以通过规模效应大幅度降低自身业务的时间和成本，这必然会推动其向社会服务转移，从而促进相关第三产业的社会化水平的提升，这与第二产业在无形之中形成了互动发展的格

局。新型城镇化步入后期后，制造业对新型城镇化的促进作用逐渐减弱，同时由于人口在空间上的集中以及消费升级，服务业所占比重持续扩大，服务业的行业种类范围也趋于丰富多样，服务业与新型城镇化之间的互动关系不断增强（汪坤，2017）。此外，在高质量发展背景下，我国正在加快经济发展方式转变，推进产业结构调整以及深化供给侧结构性改革，对生产性服务业提出了新的要求；出于保障和改善民生，我国对生活性服务业和公共服务业提出了新要求。由此，从产业结构演化的视角出发，将城镇产业分为制造业、生产性服务业、生活性服务业和公共服务业，考察新型城镇化与产业集聚之间的动态互动关系非常必要。本章考虑了城市间的差异性及其对研究结果造成的影响，于是采用我国 283 个地级及以上城市 2003~2017 年的面板数据，运用面板向量自回归模型（Panel Data Vector Autoregression，PVAR）考察制造业、生产性服务业、生活性服务业、公共服务业、新型城镇化之间的动态互动关系。PVAR 模型较少受到理论的约束，便于考察系统中多个变量之间的动态互动影响关系；PVAR 模型增大了样本数据的观测点，既提高了样本的自由度，也能解决变量内生性带来的估计偏差问题。

5.1　新型城镇化与产业集聚关系的 PVAR 模型构建

PVAR 模型用来考察多个变量之间的动态互动关系。在构建 PVAR 模型之前，要对面板数据进行单位根检验，如果变量平稳，则进行 PVAR 模型回归，确定最优滞后阶数，使用最优滞后阶数重新对 PVAR 模型进行回归，并对 PVAR 模型的稳定性进行检验；如果模型稳定，进一步进行面板 Granger 因果检验，检验通过则可以进行脉冲响应和方差分解分析。

5.1.1　PVAR 模型

Holtz-Eakin（1988）以美国为研究样本，在探讨劳动时间与劳动报酬二者之间的动态互动关系时，第一次提出面板向量自回归模型（Panel Data Vector Autoregression，PVAR）（Holtz-Eakin et al.，1988）。具体可以表示为：

$$Y_{it} = \beta_0 + \sum_{j=1}^{k} \beta_j Y_{it-j} + \eta_i + \delta_{it} + \mu_{it} \tag{5-1}$$

式（5-1）中，$i=1, 2, \cdots, N$ 为横截面单位数目，$t=1, 2, \cdots, T_i$ 为面板单位的时间跨度，Y_{it-j} 为第 i 个横截面第 t 年的多维变量，β_0 为常数向量，β_j 为滞后期系数矩阵，Y_{it-j} 为滞后 j 期的变量；η_i 为横截面个体间的固定效应向量，反映个体的异质性；δ_{it} 为横截面个体间的时间效应向量，表示同一时点不同截面可能受到的共同冲击；μ_{it} 为随机误差效应向量。

5.1.2 面板单位根检验

在对面板数据进行建模之前，从理论建模视角出发，必须先判断面板数据是平稳的还是非平稳的，因为这两类数据的处理方法截然不同，对非平稳数据直接进行线性回归极有可能出现伪回归。为了检验数据的平稳性，需要对面板数据进行单位根检验，从而避免伪回归（吴巧生、陈亮等，2008；梁潇，2010）。面板单位根检验的方法有很多种，但目前 Eviews 软件、Stata 软件中涉及的面板单位根检验方法主要有 Hadri LM 检验（Hadri，2000）、Fisher 式检验（包括 ADF 检验和 PP 检验）（Choi，2001）、LLC 检验（Levin，Lin & Chu，2002）、IPS 检验（Im，Pesaran & Shin，2003）、HT 检验（Harris & Tzavlis，1999）、Breitung 检验（Breitung，2000；Breitung & Das，2005）共六种。这六种检验方法都属于固定系数面板单位根检验，其中 Hadri LM 检验、Fisher 式检验、LLC 检验、IPS 检验、HT 检验属于第一代面板单位根检验，主要针对随机扰动项有序列相关但无截面相关的情形；Breitung 检验属于第二代面板单位根检验，主要针对随机扰动项有序列相关或同期截面相关的情形。Fisher 式检验、LLC 检验、IPS 检验、HT 检验、Breitung 检验的原假设都是“所有个体是非平稳序列”，LLC 检验、Breitung 检验、HT 检验的备择假设是“所有个体是平稳序列”，IPS 检验的备择假设是“部分个体是平稳序列”，Fisher 式检验的备择假设是“至少有一个是平稳序列”。而 Hadri LM 检验的原假设是“所有个体是平稳序列”，备则假设是“部分序列是非平稳”。

考虑如下面板自回归模型：

$$y_{i,t} = \rho_i y_{i,t-1} + z_{it}' \gamma_i + \varepsilon_{i,t} \tag{5-2}$$

式（5-2）中，$i=1, 2, \cdots, N$ 表示横截面单位数目，$t=1, 2, \cdots, T_i$ 表示面板单位的时间跨度，ρ_i 为自回归系数，$\varepsilon_{i,t}$ 为平稳的扰动项。根据命令“xtunitroot”的默认设置，$z_{it}^{'}\gamma_i$ 表示个体固定效应（即 $z_{it}^{'}=1$）；如果加上选择项“trend”，$z_{it}^{'}\gamma_i$ 则表示个体固定效应与线性时间趋势［即 $z_{it}^{'}=(1, t)$］；如果加上选择项“noconstant”，则忽略 $z_{it}^{'}\gamma_i$ 这一项。其中 LLC 检验、Breitung 检验、HT 检验、Fisher 式检验包括不含截距项和时间趋势项、仅含截距项、含截距项和时间趋势项三种情形；IPS 检验、Hadri LM 检验包括仅含截距项、含截距项和时间趋势项两种情形。

根据 ρ_i 对同（异）质性假定的不同，面板单位根检验可以分为两类：一类是“同根”检验，假设各面板单位的自回归系数都相同，即 $\rho_i=\rho, \forall i$，代表性的检验有 LLC 检验、Breitung 检验、Hadri LM 检验；另一类是“异根”检验，放宽了同质性的假定，允许各面板单位的自回归系数不同，即 ρ_i 在不同的面板单位中自由变化，代表性的检验有 IPS 检验、Fisher 检验（包括 ADF 检验和 PP 检验）。

5.1.3 面板 Granger 因果检验

面板 Granger 因果检验（又称为 D-H 因果检验）是 Dumitrescu-Hurlin（2012）在 Granger（1969）因果检验基础上的拓展，适用于稳定的时间序列，对于异构面板数据的分析有较为理想的效果。D-H 因果关系检验的回归模型如下：

$$y_{i,t} = a_i + \sum_{k=1}^{k} \gamma_{ik} y_{i,t-k} + \sum_{k=1}^{k} \beta_{ik} x_{i,t-k} + \varepsilon_{i,t} \tag{5-3}$$

式（5-3）中，$i=1, 2, \cdots, N$；$t=1, 2, \cdots, T$；$x_{i,t}$ 和 $y_{i,t}$ 是两个平稳序列在个体 i 和时间 t 上的观测值。a_i、γ_{ik}、β_{ik} 分别表示常数项、自回归系数和回归系数斜率。D-H 因果检验与 Granger 因果检验类似，也是通过自变量 x 的过去值对因变量 y 的现值的影响来进行因果关系判断。

原假设：面板中的所有个体都不存在因果关系，即：

H_0：$\beta_{i1}=\cdots=\beta_{iK}=0 \qquad \forall i=1, \cdots, N$

备择假设：部分（不是所有的）个体存在因果关系，即：

H_1：$\beta_{i1}=\cdots=\beta_{iK}=0 \qquad \forall i=1, \cdots, N_1$

$\beta_{i1}\neq 0 \quad or\cdots or \quad \beta_{iK}\neq 0 \quad \forall i=N_1+1, \cdots, N$

5.2 变量与数据

关于新型城镇化的指标数据，采用第 3 章构建的评价指标体系及熵值法测算的新型城镇化综合效用值来表示，记作 U_{it}。关于产业集聚的指标数据，参考朱昊（2017）的研究成果，考虑产业结构调整及升级的影响，基于行业的地区相对专业化构造四个交互项，即制造业区位商与制造业从业人数占城市产业[①]从业人数比重的乘积、生产性服务业区位商与生产性服务业从业人数占城市产业从业人数比重的乘积、生活性服务业区位商与生活性服务业从业人数占城市产业从业人数比重的乘积、公共服务业区位商与公共服务业从业人数占城市产业从业人数比重的乘积，依次记作 M_{it}、P_{it}、C_{it}、G_{it}，用于表示各产业集聚通过产业结构变动对新型城镇化所发挥的作用。为了便于表述，以下以新型城镇化综合效用值、制造业集聚、生产性服务业集聚、生活性服务业集聚、公共服务业集聚进行描述。面板数据的时间跨度为 15 年，横截面跨度为 283 个地级及以上城市。为了更好地表明各行业集聚与新型城镇化之间的关系，对所选取的变量进行了描述性统计分析，具体如表 5-1 所示。

表 5-1 变量的描述性统计

变量名	观测值	均值	标准差	最小值	最大值
U_{it}	4245	0. 2469082	0. 0932579	0. 0755634	0. 8282185
M_{it}	4245	0. 3453951	0. 3447589	0. 0001311	2. 31898
P_{it}	4245	0. 1358908	0. 1199224	0. 0088866	3. 347682
C_{it}	4245	0. 1001543	0. 1769544	0. 0036599	3. 575026
G_{it}	4245	0. 6042439	0. 3929375	0. 0004923	2. 850159

① 城市产业在这里包括制造业和服务业。

从表 5-1 中可以看出，各指标数据的最大值与最小值之间差异较大，说明城市之间的新型城镇化与产业集聚差异也较大，这为实证研究的有效性提供了更大范围的样本。

5.3　实证分析

5.3.1　面板单位根检验

由于现有的面板单位根检验方法局限性较大，为了提高数据检验结果的可靠性，保证结论的相对稳健性，本书运用 Stata14.0 软件，基于前面提到的方法对 U_{it}、M_{it}、P_{it}、C_{it}、G_{it} 进行单位根检验，综合考量各变量的单位根情况。检验结果具体如表 5-2 所示。

表 5-2　单位根检验结果

变量	Stata 选项	LLC	Breitung	IPS	Fisher-ADF	Fisher-PP	Hadri LM
U_{it}	trend	-30.6624 (0.0000)	-1.9472 (0.9742)	-3.8382 (0.0001)	388.0839 (0.0000)	1994.0063 (0.0000)	25.6739 (0.0000)
		-11.8823 (0.0000)	3.1342 (0.9991)	-6.2249 (0.0000)	1142.6736 (0.0000)	1687.5659 (0.0000)	19.3282 (0.0000)
	noconstant	-3.5951 (0.0002)	6.5109 (1.0000)				
M_{it}	trend	-25.1208 (0.0000)	-2.4729 (0.0067)	-4.7725 (0.0000)	801.8997 (0.0000)	1903.7547 (0.0000)	26.0807 (0.0000)
		-12.2554 (0.0000)	-3.9797 (0.0000)	-0.1926 (0.4222)	1112.6285 (0.0000)	786.6057 (0.0000)	19.0227 (0.0000)
	noconstant	-1.3318 (0.0915)	-2.9206 (0.0017)				
P_{it}	trend	-30.9368 (0.0000)	-4.4113 (0.0000)	-4.6161 (0.0000)	829.2043 (0.0000)	1293.8649 (0.0000)	25.4853 (0.0000)
		-13.2327 (0.0000)	-3.7981 (0.0001)	-2.1919 (0.0142)	1603.4116 (0.0000)	1066.4300 (0.0000)	18.9384 (0.0000)
	noconstant	-2.6636 (0.0039)	-2.7849 (0.0027)				

续表

变量	Stata 选项	LLC	Breitung	IPS	Fisher-ADF	Fisher-PP	Hadri LM
C_{it}	trend	-28.4787 (0.0000)	-5.5824 (0.0000)	-2.4145 (0.0079)	833.5814 (0.0000)	1173.9305 (0.0000)	25.3690 (0.0000)
		-15.7066 (0.0000)	-5.1792 (0.0000)	-3.7609 (0.0001)	1627.7229 (0.0000)	1001.8545 (0.0000)	17.4925 (0.0000)
	noconstant	0.4959 (0.0000)	-4.6134 (0.0000)				
G_{it}	trend	-24.0896 (0.0000)	-2.5310 (0.0057)	-3.8381 (0.0001)	688.6283 (0.0003)	2165.0397 (0.0000)	25.5094 (0.0000)
		-12.6828 (0.0000)	-4.6804 (0.0000)	-2.4322 (0.0075)	1023.7818 (0.0000)	1665.1827 (0.0000)	16.9566 (0.0000)
	noconstant	-3.3097 (0.0000)	-1.2300 (0.1093)				

注：LLC、Breitung、IPS、Fisher 式、HT 检验的原假设为“所有个体是非平稳序列”，即存在单位根；Hadri LM 检验的原假设为“平稳序列”，即不存在单位根。Fisher-ADF 和 Fisher-PP 检验中包含了 noconstant 的情形，但此处不可用，故未列出。此外，Fisher 检验的统计量有四个，但由于篇幅限制，在此仅列出了 p 统计量的结果。括号内为 p 统计量。

根据表 5-2 可知，对变量 U_{it}、M_{it}、P_{it}、C_{it}、G_{it} 进行单位根检验时，上述六种单位根检验方法至少有四种检验方法的检验结果可以强烈地拒绝“存在单位根”的原假设，说明 U_{it}、M_{it}、P_{it}、C_{it}、G_{it} 的面板数据是平稳的，即 0 阶单整。

5.3.2 PVAR 模型回归

为了消除 PVAR 模型中的时间固定效应和个体固定效应，使变量之间呈正交性，且与误差项不相关，保证估计系数的有效性，本书采用移除变量的横截面均值消除模型中的时点固定效应，使用 Helmert 变换消除模型中的个体固定效应。在此基础上，采用 2003～2017 年全国 283 个地级及以上城市的 U_{it}、M_{it}、P_{it}、C_{it}、G_{it} 五个变量进行面板向量自回归模型的矩估计 GMM（Generalized Method of Moments），并选取五个变量的滞后变量作为工具变量。工具变量有效性检验结果 P 值为 0.147，即不拒绝原假设，说明所有的工具变量都是有效的。

5.3.3 PVAR 模型最优滞后阶数的选取及模型稳定性检验

Andrews 和 Lu（2001）借鉴 Hansen（1982）的 J 统计量信息，基于广义矩

估计的结果提出了一致矩和模型选择准则（MMSC），即 MMSCaic（MAIC）、MMSCbic（MBIC）、MMSChqic（MQIC）三个信息准则，用于最优滞后阶数的选取（Michael，2015）。在此，采用 MAIC、MBIC、MQIC 这三个最小化信息准则来确定 PVAR 模型的最优滞后阶数，检验结果如表 5-3 所示。

表 5-3　PVAR 模型滞后阶数的选择

lag	CD	J	J pvalue	MBIC	MAIC	MQIC
1	0. 9999994	67. 3051	0. 7244829	-330. 0687	-82. 6949	-182. 8033
2	0. 9999995	41. 65607	0. 7933848	-223. 2598	-58. 34393	-125. 0829
3	0. 9999974	17. 89693	0. 8467347	-114. 561	-32. 10307	-65. 47254

由表 5-3 可知，J 统计量对应的 P 值都大于 0. 05，说明在滞后一阶、滞后二阶、滞后三阶这三种情况下，工具变量都是有效的。综合 MBIC、MAIC、MQIC 三个最小化信息准则，应该选取滞后一阶的 PVAR 模型。

根据图 5-1 可知，五个特征值均落在单位圆内，说明滞后一阶的 PVAR 模型是稳定的。

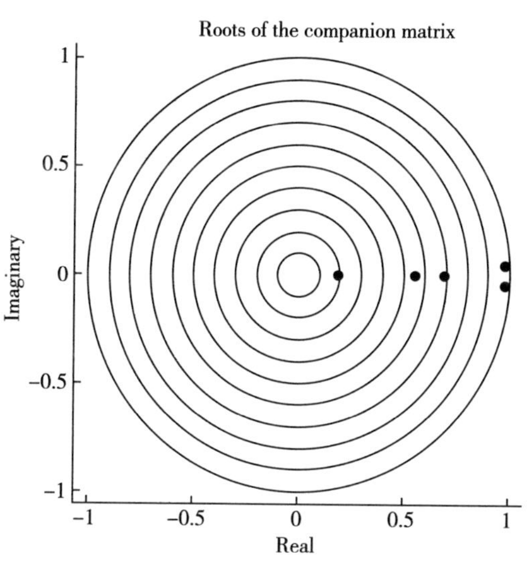

图 5-1　PVAR 模型稳定性的判别

5.3.4 PVAR 模型 Granger 因果检验分析

通过面板 Granger 因果检验，对我国新型城镇化、制造业集聚、生产性服务业集聚、生活性服务业集聚、公共服务业集聚彼此之间的因果关系进行了分析，结果如表 5-4 所示。

表 5-4 面板 Granger 因果检验结果

Equation \ Excluded		chi2	df	Prob>chi2
U	*M*	1. 199	1	0. 274
	P	0. 114	1	0. 736
	C	0. 001	1	0. 978
	G	8. 499	1	0. 004
	ALL	21. 998	4	0. 000
M	*U*	7. 469	1	0. 006
	P	0. 629	1	0. 428
	C	0. 001	1	0. 978
	G	0. 080	1	0. 778
	ALL	11. 679	4	0. 020
P	*U*	3. 113	1	0. 078
	M	4. 398	1	0. 036
	C	1. 131	1	0. 288
	G	18. 384	1	0. 000
	ALL	28. 360	4	0. 000
C	*U*	0. 930	1	0. 335
	M	2. 272	1	0. 132
	P	1. 194	1	0. 275
	G	0. 059	1	0. 809
	ALL	13. 033	4	0. 011
G	*U*	1. 001	1	0. 317
	M	0. 536	1	0. 464
	P	0. 839	1	0. 360
	C	0. 115	1	0. 734
	ALL	2. 291	4	0. 682

由表5-4可知，在以新型城镇化（*U*）为被解释变量的方程中，检验变量公共服务业集聚（*G*）系数的联合显著性，其卡方统计量为8.499，相应的p值为0.004，故可认为公共服务业集聚是新型城镇化的*Granger*原因。而检验变量制造业集聚（*M*）、生产性服务业集聚（*P*）、生活性服务业集聚（*C*）系数的联合显著性，相应的p值都大于0.05，故可以认为制造业集聚、生产性服务业集聚、生活性服务业集聚都不是新型城镇化的Granger原因。同时检验变量制造业集聚（*M*）、生产性服务业集聚（*P*）、生活性服务业集聚（*C*）、公共服务业集聚（*G*）系数的联合显著性，其卡方统计量为21.998，相应的p值为0.000，强烈拒绝“制造业集聚、生产性服务业集聚、生活性服务业集聚、公共服务业集聚都不是新型城镇化的Granger原因”的原假设。

在以制造业集聚（*M*）为被解释变量的方程中，检验变量新型城镇化（*U*）系数的联合显著性，其卡方统计量为7.469，相应的p值为0.006，故可认为新型城镇化是制造业集聚的Granger原因。而检验变量生产性服务业集聚（*P*）、生活性服务业集聚（*C*）、公共服务业集聚（*G*）系数的联合显著性，相应的p值都大于0.05，故可以认为生产性服务业集聚、生活性服务业集聚、公共服务业集聚都不是制造业集聚的Granger原因。同时检验变量新型城镇化（*U*）、生产性服务业集聚（*P*）、生活性服务业集聚（*C*）、公共服务业集聚（*G*）系数的联合显著性，其卡方统计量为11.679，相应的p值为0.020，强烈拒绝“新型城镇化、生产性服务业集聚、生活性服务业集聚、公共服务业集聚都不是制造业集聚的Granger原因”的原假设。

在以生产性服务业集聚（*P*）为被解释变量的方程中，检验变量新型城镇化（*U*）、制造业集聚（*M*）、公共服务业集聚（*G*）系数的联合显著性，其卡方统计量分别为3.113、4.398、18.384，相应的p值分别为0.078、0.036、0.000，故可认为新型城镇化、制造业集聚、公共服务业集聚是生产性服务业集聚的Granger原因。而检验变量生活性服务业集聚（*C*）系数的联合显著性，相应的p值为0.288，故可以认为生活性服务业集聚不是生产性服务业集聚的Granger原因。同时检验变量新型城镇化（*U*）、制造业集聚（*M*）、生活性服务业集聚（*C*）、公共服务业集聚（*G*）系数的联合显著性，其卡方统计量为28.360，相应的p值为0.000，强烈拒绝“新型城镇化、制造业集聚、生活性服务业集聚、公共服务业集聚都不是生产性服务业集聚的 Granger 原因”的原假设。

在以生活性服务业集聚（*C*）为被解释变量的方程中，检验变量新型城镇化（*U*）、制造业集聚（*M*）、生产性服务业集聚（*P*）、公共服务业集聚（*G*）系数的联合显著性，相应的 p 值都大于 0.05，故可认为新型城镇化、制造业集聚、生产性服务业集聚（*P*）、公共服务业集聚（*G*）都不是生活性服务业集聚（*C*）的 Granger 原因。同时检验变量新型城镇化（*U*）、制造业集聚（*M*）、生产性服务业集聚（*P*）、公共服务业集聚（*G*）系数的联合显著性，其卡方统计量为 13.033，相应的 p 值为 0.011，强烈拒绝“新型城镇化、制造业集聚、生产性服务业集聚、公共服务业集聚都不是生活性服务业集聚的 Granger 原因”的原假设。

在以公共服务业集聚（*G*）为被解释变量的方程中，检验变量新型城镇化（*U*）、制造业集聚（*M*）、生产性服务业集聚（*P*）、生活性服务业集聚（*C*）系数的联合显著性，相应的 p 值都大于 0.05，故可认为新型城镇化、制造业集聚、生产性服务业集聚（*P*）、生活性服务业集聚（*C*）都不是公共服务业集聚（*G*）的格兰杰原因。同时检验变量新型城镇化（*U*）、制造业集聚（*M*）、生产性服务业集聚（*P*）、生活性服务业集聚（*C*）系数的联合显著性，其卡方统计量为 2.291，相应的 p 值为 0.682，接受“新型城镇化、制造业集聚、生产性服务业集聚、生活性服务业集聚都不是公共服务业集聚的 Granger 原因”的原假设。

综上所述，公共服务业集聚可以促进新型城镇化发展，且新型城镇化受制造业、公共服务业、生产性服务业、生活性服务业的联合影响。新型城镇化、公共服务业集聚可以促进制造业集聚，且制造业受新型城镇化、生产性服务业、公共服务业、生活性服务业的联合影响。新型城镇化、制造业集聚、公共服务业集聚可以促进生产性服务业发展，且生产性服务业受新型城镇化、制造业、公共服务业、生活性服务业的联合影响。生活性服务业受新型城镇化、制造业、生产性服务业、公共服务业的联合影响；而公共服务业受新型城镇化、制造业、生活性服务业、生产性服务业的影响不显著，但城市公共服务业的发展也离不开新型城镇化及制造业、生活性服务业、生产性服务业的支撑。新型城镇化、公共服务业、制造业、生产性服务业、生活性服务业彼此之间相互联系、相互影响、互促共进，从中也体现出了城市产业发展的顺序，即“公共服务业—制造业—生产性服务业—生活性服务业—公共服务业—……”。这或许是因为在新型城镇化的初期，最初的资源禀赋和发展环境对产业的选择影响较大，在政府选择机制和根植机制的共同作用下，对于城镇产业而言，主要是公共服务业。随着生产力水平的提高，新型城镇化向前推进，城镇居民生活水平提高，城镇功能逐步增强，在根植机制、强化机制、创新机制和选择机制的共同作用下，推动着资源禀赋结构的提升，促进了制造业发展，从而带来生产性服务业和生活性服务业的发展。与此同时，产业组织的集聚也会使与产业相关的生产性服务业迸发出更大的需求。故而，新型城镇化的推进为生产性服务业、生活性服务业的发展提供了适宜的土壤，服务业的发展依赖于城镇，城镇化水平越高，对于服务业的功能需求也越多。服务业的结构升级融入城市发展的进程中，通过改变需求、创造需求、满足需求来提升城镇人口生活质量，从而用改进服务、提供新的服务来改善城镇基础设施及发展环境，提升城镇发展的质量，二者形成良性循环（汪坤，2017），最终会推动整个社会和经济的快速发展。

5.3.5　PVAR 模型脉冲响应分析

脉冲响应可以用来描述内生变量之间变动的动态路径，即解释变量变动一个单位时，观察被解释变量如何变动，从而判断变量之间的动态交互作用，可以具体分析当其他变量不变时，某一个内生变量变动对另外一个变量的具体影响。本章通过给定变量一个标准差的冲击，经过 Monte Carlo 模拟 1000 次获得冲击反应，得到置信区间为 95%的脉冲响应函数图。图 5-2 显示了 U_{it}、M_{it}、P_{it}、C_{it}、G_{it} 五个变量之间的冲击影响，其中横坐标代表追溯期，这里给出了 10 期；纵坐标表示因变量对各个变量的响应大小；阴影部分代表两倍标准差的置信区间，实线是脉冲响应函数曲线。

由图 5-2 第一行可知，新型城镇化对其自身的冲击影响逐渐减小，且在 7 期附近基本稳定，这说明新型城镇化对自己的冲击在短时期内可能产生一定的作用，但这种脉冲响应冲击作用不具有可持续性，冲击一定的时间以后，会在一个更低值处稳定，这说明了单纯推动新型城镇化来追求新型城镇化的发展是不可持续的。制造业集聚对新型城镇化的冲击呈现负值，且并没有呈现出稳定的趋势，这说明制造业集聚对新型城镇化的冲击具有持续性，即制造业的过度集聚不利于新型城镇化的发展。生产性服务业集聚、生活性服务业集聚对新型城镇化的冲

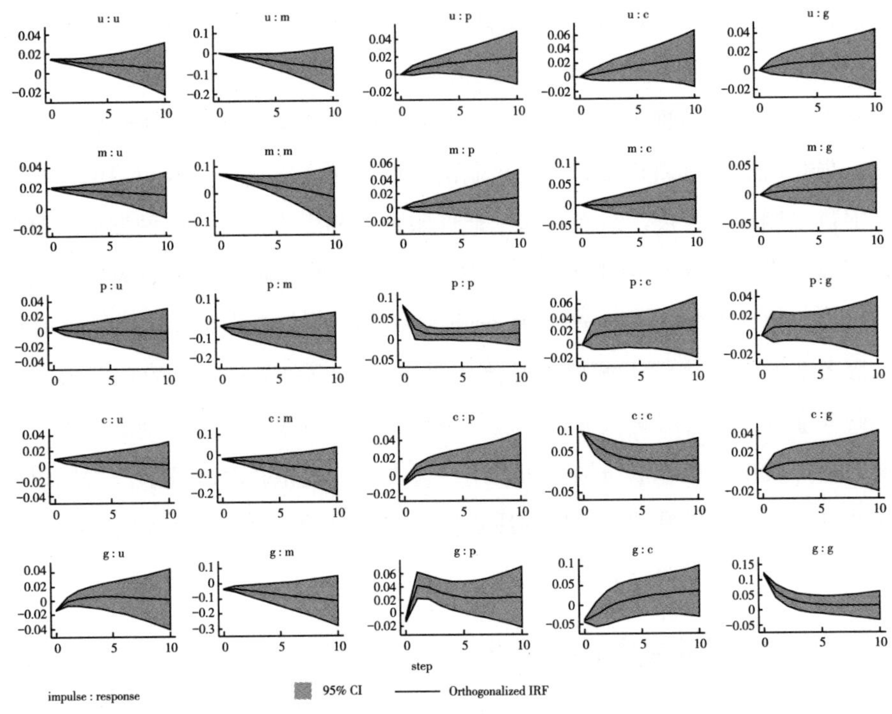

图 5-2　正交化脉冲响应

击逐渐增加，且在 7 期附近基本稳定，这说明生产性服务业集聚、生活性服务业集聚对新型城镇化的冲击在短时期内可能产生一定的作用，冲击一定的时间以后会处于稳定状态。因此，当制造业集聚到一定程度，适当地提高生产性服务业集聚、生活性服务业集聚可以促进新型城镇化的发展。公共服务业集聚对新型城镇化的冲击在低值处稳定，说明公共服务业集聚可以推动新型城镇化，但推动作用比较小。

由图 5-2 第二行可知，新型城镇化对制造业集聚的作用逐渐减小，且在 7 期附近基本稳定，这说明新型城镇化对制造业集聚冲击一定的时间以后，会在一个低值处稳定状态，这说明单纯推动新型城镇化来追求制造业集聚不具有持续性。制造业集聚对制造业集聚的冲击呈现负值，并在 7 期附近呈现负值，这说明制造业集聚对自己的冲击在逐渐下降，甚至出现负效应，因此应适当促进制造业集聚，过度集聚长期反而不利于制造业的发展。生产性服务业的集聚可以促进制造

业的集聚，而公共服务业集聚和生活性服务业集聚对制造业集聚的冲击不太显著。

由图 5-2 第三行可知，新型城镇化对生产性服务业集聚的影响逐渐减小，且在第 5 期附近基本稳定，这说明新型城镇化对生产性服务业集聚的冲击在短时期内可能产生一定的作用，但这种脉冲响应冲击作用会在一个低值处稳定。制造业集聚对生产性服务业集聚的冲击在 10 期范围内一直为负值，并且有在负值范围内稳定的趋势，这说明不能单纯地通过提高制造业集聚水平来提高生产性服务业集聚。生产性服务业集聚对其自身的影响在前 2 期快速下降，之后在低值处趋于稳定。公共服务业集聚、生活性服务业集聚对生产性服务业集聚的影响在第 1 期上升，之后基本趋于稳定。

由图 5-2 第四行可知，新型城镇化对生活性服务业集聚的作用逐渐减小，且在第 5 期附近基本稳定，这说明新型城镇化对生活性服务业集聚的冲击在短时期内可能产生一定的作用，但这种脉冲响应冲击作用会在一个低值处稳定。制造业集聚对生活性服务业集聚的冲击为负，这说明不能通过提高制造业集聚来提高生活性服务业集聚。公共服务业集聚、生产性服务业集聚对生活性服务业集聚的影响在前 2 期缓慢上升，之后在低值处稳定。生活性服务业集聚对自身的冲击在前 3 期比较显著，以比较大的斜率下降，之后在低值处稳定，这说明生活性服务业集聚对自身的冲击短期内可能不利于生活性服务业的成长，并且会使自身在一个低水平上趋于稳定。

由图 5-2 第五行可知，新型城镇化对公共服务业的影响在前 2 期呈现上升趋势，之后在 0 值趋于稳定，表明长期新型城镇化对公共服务业集聚并没有太显著的影响。制造业集聚对公共服务业集聚的冲击为负，这说明不能通过提高制造业集聚水平来提高公共服务业的集聚。生产性服务业对公共服务业冲击在第 2 期达到高峰，随后响应力度逐渐减小，并且在第 5 期后趋于稳定。生活性服务业对公共服务业冲击逐渐上升。而公共服务业集聚对自身的冲击快速下滑，且在第 5 期后趋于 0，这说明长期公共服务业集聚对自身没有太显著的影响。

5.3.6　PVAR 模型方差分解

方差分解考察的是被解释变量方差的冲击有多少来源于自身的冲击，有多少来源于其他变量的冲击。从数值上来说，某个变量的方差分解数值越大，说明这个变量的解释能力越强，方差分解是脉冲响应函数的量化分析，由此可知所要研究的变量之间的具体解释程度大小。本章采用方差分解，进一步刻画新型城镇化、制造业集聚、生产性服务业集聚、公共服务业集聚、生活性服务业集聚等不同冲击的相对重要程度。本书选取了 10 期的预测方差分解，具体结果如表 5-5 所示。

表 5-5　方差分解结果

响应变量和预测范围		脉冲变量				
		U	*M*	*P*	*C*	*G*
U	0	0	0	0	0	0
	1	1	0	0	0	0
	2	0.9392	0.0003	0.0040	0.0150	0.0415
	3	0.8695	0.0005	0.0074	0.0318	0.0908
	4	0.8123	0.0005	0.0098	0.0451	0.1323
	5	0.7695	0.0004	0.0115	0.0546	0.1638
	6	0.7387	0.0006	0.0129	0.0611	0.1868
	7	0.7168	0.0011	0.0141	0.0652	0.2028
	8	0.7013	0.0025	0.0150	0.0677	0.2134
	9	0.6903	0.0049	0.0159	0.0690	0.2199
	10	0.6823	0.0086	0.0165	0.0695	0.2231
M	0	0	0	0	0	0
	1	0.3779	0.6221	0	0	0
	2	0.2936	0.7009	0.0050	0.0001	0.0004
	3	0.2311	0.7533	0.0067	0.0021	0.0068
	4	0.1805	0.7848	0.0066	0.0065	0.0216
	5	0.1394	0.7985	0.0057	0.0129	0.0434
	6	0.1074	0.7977	0.0047	0.0205	0.0697
	7	0.0835	0.7859	0.0038	0.0286	0.0983
	8	0.0667	0.7663	0.0030	0.0368	0.1272
	9	0.0559	0.7418	0.0024	0.0446	0.1554
	10	0.0498	0.7143	0.0020	0.0519	0.1820

续表

响应变量和预测范围		脉冲变量				
		U	*M*	*P*	*C*	*G*
P	0	0	0	0	0	0
	1	0. 0327	0. 2045	0. 7682	0	0
	2	0. 0334	0. 2349	0. 5702	0. 0340	0. 1275
	3	0. 0304	0. 2486	0. 4726	0. 0504	0. 1980
	4	0. 0269	0. 2618	0. 4192	0. 0578	0. 2343
	5	0. 0260	0. 2738	0. 3823	0. 0620	0. 2559
	6	0. 0276	0. 2841	0. 3526	0. 0649	0. 2708
	7	0. 0311	0. 2923	0. 3267	0. 0675	0. 2824
	8	0. 0359	0. 2987	0. 3032	0. 0700	0. 2922
	9	0. 0415	0. 3033	0. 2816	0. 0725	0. 3011
	10	0. 0476	0. 3063	0. 2616	0. 0750	0. 3094
C	0	0	0	0	0	0
	1	0. 1923	0. 1739	0. 1117	0. 5221	0
	2	0. 1996	0. 2186	0. 0857	0. 4956	0. 0005
	3	0. 1965	0. 2618	0. 0754	0. 4603	0. 0061
	4	0. 1898	0. 2994	0. 0691	0. 4237	0. 0180
	5	0. 1818	0. 3302	0. 0640	0. 3894	0. 0346
	6	0. 1734	0. 3544	0. 0593	0. 3587	0. 0540
	7	0. 1653	0. 3729	0. 0549	0. 3318	0. 0751
	8	0. 1578	0. 3863	0. 0508	0. 3084	0. 0968
	9	0. 1512	0. 3956	0. 0468	0. 2879	0. 1186
	10	0. 1456	0. 4013	0. 0431	0. 2699	0. 1401
G	0	0	0	0	0	0
	1	0. 1938	0. 0442	0. 0253	0. 1976	0. 5392
	2	0. 1740	0. 0562	0. 0215	0. 1963	0. 5519
	3	0. 1613	0. 0656	0. 0202	0. 1944	0. 5585
	4	0. 1537	0. 0731	0. 0195	0. 1924	0. 5612
	5	0. 1496	0. 0794	0. 0191	0. 1903	0. 5615
	6	0. 1476	0. 0848	0. 0188	0. 1883	0. 5605
	7	0. 1469	0. 0896	0. 0185	0. 1864	0. 5586
	8	0. 1470	0. 0939	0. 0183	0. 1845	0. 5564
	9	0. 1476	0. 0978	0. 0180	0. 1827	0. 5539
	10	0. 1487	0. 1013	0. 0178	0. 1810	0. 5513

表 5-5 可知，新型城镇化如果作 1 期预测，则新型城镇化的预测方差全部来自于自身。但如果作 10 期预测，则新型城镇化的预测方差 68.2%来自于自身，0.9%来自于制造业集聚，1.7%来自于生产性服务业集聚，7.0%来自于生活性服务业集聚，22.3%来自于公共服务业的集聚。这表明，制造业集聚、生产性服务业集聚、公共服务业集聚、生活性服务业集聚对新型城镇化的解释力度一直在增强，公共服务业的解释力度增长最明显。由此可知，不能忽视各类产业集聚对新型城镇化的重要作用。

制造业集聚作 1 期预测，则预测方差 37.8%来自于新型城镇化，62.2%来自于自身，说明制造业集聚不仅依赖于自身水平，还依赖于新型城镇化水平。通过作 10 期预测，可以发现，新型城镇化对制造业集聚的影响在减弱，这或许是因为，在我国目前的新型城镇化道路中，很多城市产城融合的联动效应还在不断扩大，城镇功能还处在不断完善的阶段，加之传统城镇化之路引发的各种城镇问题，在根植机制和强化机制的作用下，导致新型城镇化对制造业集聚的效应不甚明显，在制造业集聚的过程中，更多的是依靠政策推动和相关土地租金、人工成本的影响，而所在城镇本身的一些服务功能显得并不那么重要（白珊，2018）。制造业集聚对自身的影响先增大后逐渐减弱，说明在集聚经济的作用下，制造业不断集聚，但随着制造业的进一步集聚，空间规模报酬递减，出现负外部性，导致制造业集聚度出现一定程度的下降。生产性服务业对制造业的影响呈现出先上升后下降的趋势，说明生产性服务业在短期内可以推动制造业发展，但随着生产性服务业进一步集聚，受资源禀赋、发展环境和空间布局的影响，在创新机制和选择机制的作用下，必然会对制造业产生挤出效应。公共服务业、生活性服务业对制造业的作用一直在增强。

生产性服务业集聚作 1 期预测，则预测方差 3.3%来自于新型城镇化，20.5%来自于制造业集聚，76.8%来自于自身，说明生产性服务业不仅受自身水平的影响，还受新型城镇化、制造业的影响。通过作 10 期预测，可以发现，新型城镇化对生产性服务业的作用逐渐增强，这表明随着新型城镇化的推进，城镇功能逐步增强，更有利于生产性服务业的发展。制造业对生产性服务业的作用在增强，这表明随着制造业的发展，生产服务业逐渐从工业部门中剥离出来，这些行业成为独立的产业之后，不但可以更好地服务于以前的企业和个人，还可以通

过规模效应大幅度降低自身业务的时间和成本，促进生产性服务业的发展。生产性服务业对自身的作用在减弱。公共服务业集聚、生活性服务业集聚对生产性服务业集聚的影响在增强。

生活性服务业集聚作 1 期预测，则预测方差 19.2%来自于新型城镇化，17.4%来自于制造业集聚，11.2%来自于生产性服务业，52.2%来自于自身，生活性服务业主要为本地居民服务，在根植机制和强化机制的作用下，短期内主要受自身的影响，新型城镇化发展水平、制造业、生产性服务业对其都有一定影响。通过作 10 期预测，新型城镇化水平对生活性服务业的作用在缓慢下降，公共服务业对生活性服务业的作用在缓慢增强。制造业对生活性服务业的影响快速提升，第 10 期制造业对生活性服务业的预测方差最高，高达 40.1%，说明制造业集聚会吸纳就业，进而带来人口的集聚，从而促使生活性服务业的发展；生活性服务业对自身的影响在下降。

公共服务业产业集聚作 1 期预测，则预测方差 19.4%来自于新型城镇化，4.4%来自于制造业集聚，2.5%来自于生产性服务业集聚，19.8%来自于生活性服务业集聚，53.9%来自于自身，说明短期内，在根植机制和强化机制的作用下，公共服务业主要受自身的影响；在创新机制和选择机制的作用下，生活性服务业、新型城镇化对公共服务业的影响也很大，制造业、生产性服务业对公共服务业的作用较小。通过作 10 期预测，可以发现，在创新机制和选择机制的作用下，公共服务业、生活性服务业对公共服务业的作用变化不大，基本稳定；而新型城镇化对公共服务业的作用略有下降；制造业对公共服务业的作用略有上升；生产性服务业对公共服务业的作用略有上升。

综上所述，由于根植机制和强化机制的作用，新型城镇化、制造业、生活性服务业、生产性服务业、公共服务业短期内主要受自身的影响。但从长期来看，在创新机制和选择机制的作用下，彼此之间相互作用、相互影响。

5.4 本章小结

本章基于2003~2017年全国283个地级及以上城市的新型城镇化综合效用值、制造业集聚、生产性服务业集聚、生活性服务业集聚、公共服务业集聚五个变量的面板数据，构建了PVAR模型，采用面板Granger因果检验、脉冲响应、方差分解进行分析，考察了制造业、生产性服务业、生活性服务业、公共服务业、新型城镇化之间的动态互动关系。得到以下结论：

第一，面板Granger因果检验表明，新型城镇化、公共服务业、制造业、生产性服务业、生活性服务业彼此之间存在一定的因果关系。公共服务业集聚可以促进新型城镇化发展，且新型城镇化受制造业、公共服务业、生产性服务业、生活性服务业的联合影响。新型城镇化、公共服务业集聚可以促进制造业集聚，且制造业受新型城镇化、生产性服务业、公共服务业、生活性服务业的联合影响。新型城镇化、制造业集聚、公共服务业集聚可以促进生产性服务业发展，且生产性服务业受新型城镇化、制造业、公共服务业、生活性服务业的联合影响。生活性服务业受新型城镇化、制造业、生产性服务业、公共服务业的联合影响。公共服务业受新型城镇化、制造业、生活性服务业、生产性服务业的影响不显著。

第二，脉冲响应分析结果表明，对于新型城镇化、制造业、生产性服务业、生活性服务业和公共服务业来说，单纯靠推动自身的发展来追求发展不具有可持续性，单纯地推动某一方面的发展来追求其他几方面的发展也不具有可持续性。制造业的过度集聚不利于自身的发展，也不利于新型城镇的发展，当制造业集聚到一定程度，适当地提高生产性服务业集聚、生活性服务业集聚可以促进新型城镇化的发展。公共服务业对新型城镇化的促进作用较小。生产性服务业集聚可以促进制造业集聚，而生活性服务业集聚、公共服务业集聚对制造业集聚的作用较小。生活性服务业集聚、公共服务业集聚对生产性服务业集聚的作用较小。生活性服务业与公共服务业彼此间的作用较小。

第三，方差分解结果表明，新型城镇化、制造业、生产性服务业、生活性服务业、公共服务业短期内主要受自身的影响。但从长期来看，彼此之间相互影响，且自身对自身的作用逐渐减弱，而彼此之间的作用逐渐增强。

综上所述，新型城镇化、公共服务业、制造业、生产性服务业、生活性服务业彼此相互联系、相互影响、互促共进。由于根植机制、强化机制、创新机制、选择机制的共同作用，单纯靠推动自身的发展来追求发展不具有可持续性，单纯地推动某一方面的发展来追求其他几方面的发展也不具有可持续性。新型城镇化、公共服务业、制造业、生产性服务业、生活性服务业短期内主要受自身的影响，但长期彼此相互影响，且自身对自身的作用逐渐减弱，而彼此之间的作用逐渐增强。伴随着新型城镇化的发展，产业发展的顺序先后是制造业、生产性服务业、服务业。新型城镇化需要匹配合适的产业，因此有必要根据新型城镇化的发展水平，加强新型城镇化与各类产业集聚的互动关系，依托城镇的资源禀赋优势、基础设施优势、发展环境优势，促进相关产业的集聚发展，而产业的发展又会反过来促进城镇功能的提升。

第 6 章　制造业专业化、多样化集聚与新型城镇化的实证分析

制造业是创新的主战场，是保持国家竞争力和创新活力的重要源泉。在高质量发展的背景下，大力发展制造业，对我国实施创新驱动发展战略、加快经济转型升级具有重要的战略意义。产业集聚包括专业化集聚和多样化集聚两种方式，地区产业专业化与多样化反映产业分工的深度与广度、产业类别和数量分布的集中与分散程度，意味着产业在发展范围选择上的专业化与多样化（沈小平，2017）。任何城市都是专业化集聚与多样化集聚的并存，随着产业专业化水平的不断提高，产业链被深度挖掘并不断地延伸，一些原产业链中的产品会逐步分化出来成为单独的一个行业，产业多样化格局逐渐形成。随着多样化水平的提高，不断出现的新行业使市场规模扩大，同时也使得专业化生产厂商的竞争焦点转向于研发新技术与新产品，而在新技术与新产品的研发过程中专业化水平进一步提升。产业专业化在一定程度上有利于产业多样化格局的形成，产业多样化可以促进专业化产业的可持续发展，产业以哪种集聚方式为主取决于城市所处的区域以及新型城镇化的发展水平。根据第 4 章的分析，在新型城镇化初期、中前期，生产力水平相对较低，资金、技术以及管理经验存在不足，受资源禀赋和发展环境影响，在根植机制、强化机制、选择机制的作用下，由于集聚经济的存在，相同产业在一定空间范围内集聚，可以在一定程度上降低生产成本，逐渐形成规模经济效应，同时“干中学”从而提高生产者的生产效率以及管理者的管理技能，降低生产成本。随着新型城镇化步入中后期，生产力水平大幅提高，资源禀赋改变，发展环境向好，在创新机制、选择机制的作用下，制造业呈现出多样化发展态势，产业多样化的生产环境有利于产业之间

互通有无，有利于知识溢出，加强各个方面的交流与合作，也更加有利于区域内产业整体的长远发展，为产业提供新的增长点。本章将基于中国工业企业数据库的微观数据，以制造业细分行业数据为例，实证探讨地级市层面制造业相对专业化集聚与相对多样化集聚对新型城镇化的作用；考虑城市产业规模、新型城镇化水平的影响，进一步以城市规模①、新型城镇化综合效用值为标准将地级市进行分组，分类讨论制造业的相对专业化集聚与相对多样化集聚对新型城镇化的影响。

6.1　制造业专业化集聚与多样化集聚的测度

6.1.1　制造业分类与数据来源

（1）制造业分类。本章基于研究目的，根据国民经济行业分类（GB/T4754—2017）的标准，参考朱昊（2017）对制造业的分类方法，根据 31 个两位数制造业细分行业部门的不同性质，将制造业分为劳动密集型行业、资源密集型行业、资本和技术密集型行业三大类。具体产业细分如表 6-1 所示。

表 6-1　制造业行业分类

制造业	两位数行业代码	细分行业
劳动密集型行业（12 类）	13	农副食品加工业
	14	食品制造业
	15	酒、饮料和精制茶制造业
	17	纺织业
	18	纺织服装、服饰业
	19	皮革、毛皮、羽毛及其制品和制鞋业
	20	木材加工和木、竹、藤、棕、草制品业
	21	家具制造业
	22	造纸和纸制品业
	23	印刷和记录媒介复制业
	24	文教、工美、体育和娱乐用品制造业
	41	其他制造业

① 城市规模基本上可以反映城市的产业规模，故按城市规模进行分组。

续表

制造业	两位数行业代码	细分行业
资源密集型行业（9类）	16	烟草制品业
	25	石油加工、炼焦和核燃料加工业
	26	化学原料和化学制品制造业
	28	化学纤维制造业
	29	橡胶和塑料制品业
	30	非金属矿物制品业
	31	黑色金属冶炼和压延加工业
	32	有色金属冶炼和压延加工业
	42	废弃资源综合利用业
资本和技术密集型行业（10类）	27	医药制造业
	33	金属制品业
	34	通用设备制造业
	35	专用设备制造业
	36	汽车制造业
	37	铁路、船舶、航空航天和其他运输设备制造业
	38	电器机械和器材制造业
	39	计算机、通信和其他电子设备制造业
	40	仪器仪表制造业
	43	金属制品、机械和设备修理业

（2）数据来源。全国地级市层面制造业细分行业的数据，目前常用的是中国工业企业数据库的数据。中国工业企业数据库提供了 1998~2013 年全部国有及规模以上[①]非国有工业企业的数据，鉴于 2011 年前后“规模以上”标准的调整，同时为了与前面章节研究区间相匹配，故本章选取了 2003~2010 年的数据。中国工业企业数据库中制造业包含了 30 个两位数编码的细分行业，这些细分行业的代码与国民经济行业分类（GB/T4754—2017）标准中的代码 13~43（行业代码 38 除外）完全对应。中国工业企业数据库存在指标缺失、样本错配的问题，因此，本章对数据库内的样本企业进行了多次整合与匹配，最终获取了地级市层面制造业两位数细分行业（行业代码 13~43，行业代码 38 除外）的经济变量。考虑到数据的完整性，本章剔除了我国部分地区（香港、澳门、台湾、新疆、西藏、海南、内蒙古、云南、甘肃等）数据缺失较多的城市，并且不考虑中国工业

① 规模以上是指企业每年主营业务收入（销售额）在 500 万元以上，2011 年起调整为 2000 万元以上。

企业数据库未涉及的个别地级市。经过筛选，本章所涉及的地级及以上城市共计 273 个①，由于样本量较大，不再一一列出，具体样本见表 6-2。

6.1.2　测度方法

对产业专业化集聚和多样化集聚的测度，国内外常用的方法是采用区位商、赫芬达尔-赫希曼指数（HHI）、克鲁格曼指数等进行测算（Henderson et al.，1995；Gleaser et al.，1992；薄文广，2007；樊福卓，2007）。但这些指标侧重于考察某个一行业在某一个区域的集聚情况，而本章侧重于考察各个城市制造业部门的专业化集聚和多样化集聚程度，因此，本书参考 Duranton 和 Puga（2001）所提出的相对专业化集聚指数和相对多样化集聚指数，考察各个城市制造业各细分行业部门在城市的总产值（或者就业）结构比例，根据各行业各部门占比的分布情况确定制造业的相对专业化集聚和相对多样化集聚情况。

（1）相对专业化集聚指数。产业的专业化程度一般采用相对专业化集聚指数来表示，即某城市的专业化行业在该城市的总产值（或者就业）中所占的比重与全国该行业总产值（或者就业）占全国的比重之比，也就是所有行业区位商的最大值。具体表达式如下：

$$RSP_j = \max(\frac{x_{ij}}{x_i}) \tag{6-1}$$

式中，RSP_j 表示 j 城市的相对专业化集聚指数，RSP_j 的值越大，表示该城市的专业化程度越高。$\frac{x_{ij}}{x_i}$表示 j 城市总产值（或者就业）最多的 i 产业的区位商，x_{ij} 和 x_i 分别表示 j 城市的 i 产业在 j 城市的总产值（或者就业）比重和全国 i 产业总产值（或者就业）占全国的比重。

（2）相对多样化集聚指数。一般来讲，地区产业的多样化集聚可以获得范围经济，促进地区经济增长，并减少经济增长的波动性，多样化水平越高，区域乘数就越大。城市产业的多样化程度通常用相对多样化集聚指数来表示。表达式如下：

① 在第 3 章的研究样本 283 个地级及以上城市中，剔除了内蒙古的巴彦淖尔市、乌兰察布市，云南的普洱市、临沧市，甘肃的武威市、张掖市、平凉市、酒泉市、庆阳市、定西市。

$$RDI_j = \frac{1}{\sum_{i=1}^{n} |x_{ij} - x_i|} \tag{6-2}$$

式中，RDI_j 为城市 j 的相对多样化集聚指数，这个值越大，意味着这个城市产业系统内部发展差距越小、产业发展越均衡；n 表示 j 城市共有 n 个门类的产业。

6.1.3 制造业专业化、多样化测度结果

根据式（6-1）、式（6-2），选取制造业部门各细分行业部门的从业人员数，计算 2003~2010 年全国 273 个地级及以上城市制造业的相对专业化集聚指数与相对多样化集聚指数，由于受篇幅的限制，在此仅将 2003 年、2006 年、2010 年的测算结果呈现在散点图上，如图 6-1、图 6-2、图 6-3 所示。

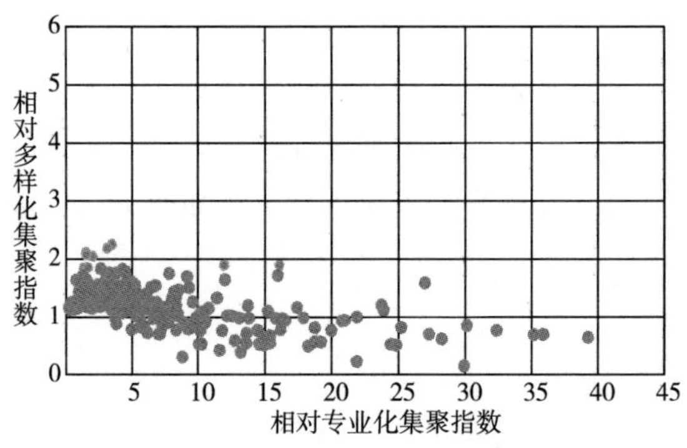

图 6-1 2003 年全国 273 个地级及以上城市制造业的相对专业化集聚与相对多样化集聚水平

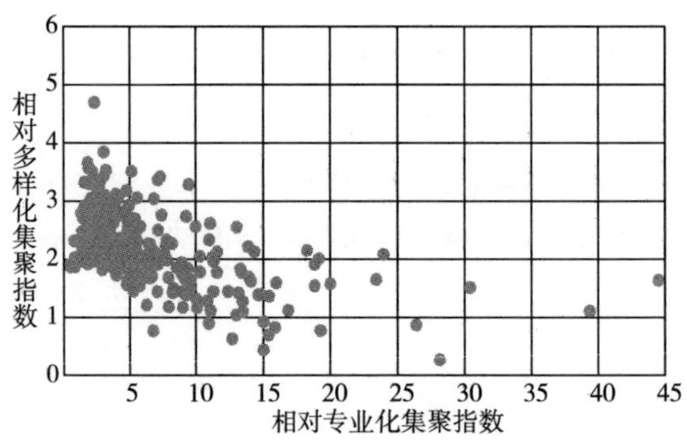

图 6-2 2006 年全国 273 个地级及以上城市制造业的相对专业化集聚与相对多样化集聚水平

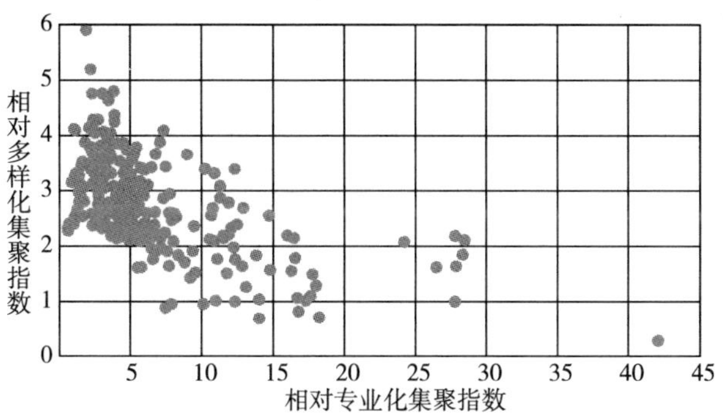

图 6-3　2010 年全国 273 个地级及以上城市制造业的相对专业化集聚与相对多样化集聚水平

根据图 6-1 至图 6-3 可以发现，2003~2010 年，全国 273 个地级及以上城市制造业的相对多样化集聚水平均有所提高，而相对专业化集聚水平变化幅度较小，且不存在制造业相对专业化集聚指数较高、相对多样化集聚指数也比较高的地市，但是存在另外两种情况：制造业相对专业化集聚指数较高、相对多样化集聚指数却较低的地市和制造业相对多样化集聚指数较高而相对专业化集聚指数较低的地市。如马鞍山、江门、金昌、中山、玉溪、白山、白银、铜陵、嘉峪关、鹰潭、宿迁等城市相对专业化集聚指数较高，但其相对多样化指数均较低。而天津、南京、上海、杭州、合肥、银川、长沙、济南、青岛、成都、武汉、福州、广州、北京的测算结果则表现出制造业相对多样化集聚指数较高而相对专业化集聚指数较低的情况。总体而言，随着新型城镇化水平的提高，制造业的相对多样化集聚指数均会有所提高，而新型城镇化水平较低的城市制造业的相对专业化集聚指数相对比较高。

接下来，笔者将全国 273 个地级及以上城市制造业的相对专业化行业进行整理，受篇幅限制，在此仅列出 2003 年、2006 年、2010 年的结果，具体如表 6-2 至表 6-4 所示。

表 6-2　2003 年全国 273 个地级及以上城市制造业的相对专业化行业

制造业	两位数行业代码	细分行业	城市数量（个）	城市
劳动密集型行业（共 12 类）	13	农副食品加工业	23	通辽、阜新、铁岭、白城、双鸭山、舟山、烟台、潍坊、威海、日照、临沂、鹤壁、黄冈、随州、张家界、湛江、南宁、北海、防城港、贵港、来宾、崇左、三亚

续表

制造业	两位数行业代码	细分行业	城市数量（个）	城市
劳动密集型行业（共12类）	14	食品制造业	8	邢台、呼和浩特、呼伦贝尔、菏泽、漯河、周口、孝感、海口
	15	酒、饮料和精制茶制造业	17	赤峰、四平、鹤岗、绥化、连云港、淮北、宿州、亳州、济宁、泰安、商丘、宜昌、泸州、德阳、遂宁、宜宾、巴中
	17	纺织业	7	鄂尔多斯、南通、盐城、绍兴、滨州、荆州、南充
	18	纺织服装、服饰业	1	河源
	19	皮革、毛皮、羽毛及其制品和制鞋业	5	温州、福州、莆田、茂名、肇庆
	20	木材加工和木、竹、藤、棕、草制品业	14	白山、伊春、徐州、宿迁、湖州、六安、三明、南平、宜春、抚州、信阳、益阳、桂林、钦州
	21	家具制造业	5	天津、廊坊、七台河、漳州、梅州
	22	造纸和纸制品业	5	佳木斯、杭州、德州、邵阳、眉山
	23	印刷和记录媒介复制业	2	北京、黄山
	24	文教、工美、体育和娱乐用品制造业	8	上海、宁波、丽水、滁州、广州、汕头、东莞、中山
	41	其他制造业	—	
资源密集型行业（共9类）	16	烟草制品业	28	张家口、营口、淮安、芜湖、蚌埠、龙岩、赣州、吉安、上饶、济南、许昌、南阳、驻马店、咸宁、常德、郴州、永州市、韶关、贵阳、遵义、昆明、曲靖、玉溪、保山、昭通、汉中、安康、天水
	25	石油加工、炼焦和核燃料加工业	23	沧州、太原、阳泉、长治、晋中、临汾市、吕梁市、乌海、抚顺、锦州、盘锦、葫芦岛、松原、齐齐哈尔、大庆、东营、荆门、渭南、延安、榆林、兰州、乌鲁木齐、克拉玛依
	26	化学原料和化学制品制造业	5	忻州、辽阳、衢州、淮南、长沙

续表

制造业	两位数行业代码	细分行业	城市数量（个）	城市
资源密集型行业（共9类）	28	化学纤维制造业	14	保定、丹东、吉林、辽源、无锡、扬州、嘉兴、九江、淄博、平顶山、新乡、三门峡、襄阳、怀化
	29	橡胶和塑料制品业	10	衡水、牡丹江、合肥、宣城、青岛、开封、焦作、内江、资阳、银川
	30	非金属矿物制品业	1	揭阳
	31	黑色金属冶炼和压延加工业	10	秦皇岛、朔州、景德镇、萍乡、枣庄、潮州市、玉林、乐山、广安、铜川
	32	有色金属冶炼和压延加工业	17	唐山、邯郸、承德、晋城、包头、鞍山、本溪、新余、莱芜、安阳、鄂州、湘潭、娄底、攀枝花、达州、六盘水、嘉峪关
	42	废弃资源综合利用业	6	金华、台州、安庆、泉州、汕尾、梧州
资本和技术密集型行业（共9类）	27	医药制造业	6	石家庄、大同、通化、哈尔滨、南昌、商洛
	33	金属制品业	21	运城、朝阳、池州、鹰潭、郑州、黄石、株洲、衡阳、百色、贺州、河池、广元、雅安、丽江、宝鸡、金昌、白银、西宁、石嘴山、吴忠、固原
	34	通用设备制造业	3	镇江、阳江、云浮
	35	专用设备制造业	4	大连、常州、泰州、自贡
	36	汽车制造业	4	鸡西、黑河、聊城、洛阳
	37	铁路、船舶、航空航天和其他运输设备制造业	8	沈阳、长春、十堰、柳州、重庆、成都、安顺、西安
	39	计算机、通信和其他电子设备制造业	2	宁德、佛山
	40	仪器仪表制造业	6	苏州、厦门、深圳、珠海、绵阳、咸阳
	43	金属制品、机械和设备修理业	10	南京、马鞍山、铜陵、阜阳、濮阳、武汉、岳阳、江门、惠州、清远

表 6-3 2006 年全国 273 个地级及以上城市制造业的相对专业化行业

制造业	两位数行业代码	细分行业	城市数量（个）	城市
劳动密集型行业（共 12 类）	13	农副食品加工业	23	秦皇岛、通辽、阜新、铁岭、白城、鸡西、双鸭山、佳木斯、舟山、烟台、潍坊、威海、日照、德州、鹤壁、湛江、北海、贵港、来宾、崇左、三亚、南充、眉山
	14	食品制造业	9	邢台、呼和浩特、黑河、济宁、漯河、商丘、周口、孝感、永州
	15	酒、饮料和精制茶制造业	16	四平、鹤岗、绥化、淮北、阜阳、亳州市、宜昌、黄冈、泸州、德阳、遂宁、内江、宜宾、巴中、遵义市、固原
	17	纺织业	4	南通、盐城、滨州、荆州
	18	纺织服装、服饰业	—	
	19	皮革、毛皮、羽毛及其制品和制鞋业	4	温州、福州、莆田、泉州
	20	木材加工和木、竹、藤、棕、草制品业	25	呼伦贝尔、白山、松原、伊春、牡丹江、徐州、宿迁、湖州、丽水、宿州、三明、南平、吉安、抚州、临沂、菏泽、开封、信阳、咸宁、邵阳、张家界、益阳、桂林、防城港、钦州
	21	家具制造业	2	漳州、梅州
	22	造纸和纸制品业	1	常德
	23	印刷和记录媒介复制业	2	北京、黄山
	24	文教、工美、体育和娱乐用品制造业	8	池州、厦门、广州、韶关、汕头、河源、东莞、中山
	41	其他制造业	—	
资源密集型行业（共 9 类）	16	烟草制品业	19	张家口、营口、哈尔滨、淮安、合肥、芜湖、蚌埠、滁州、龙岩、上饶、济南、随州、南宁、贵阳、昆明、玉溪、保山、昭通、天水
	25	石油加工、炼焦和核燃料加工业	25	沧州、太原、大同、长治、朔州、晋中、忻州、临汾、吕梁、乌海、锦州、盘锦、齐齐哈尔、大庆、七台河、濮阳、荆门、茂名、丽江、渭南、延安、榆林、银川、乌鲁木齐、克拉玛依

续表

制造业	两位数行业代码	细分行业	城市数量（个）	城市
资源密集型行业（共 9 类）	26	化学原料和化学制品制造业	6	衢州、淮南、萍乡、泰安、长沙、自贡
	28	化学纤维制造业	18	保定、抚顺、丹东、辽阳、吉林、辽源、无锡、扬州、杭州、嘉兴、绍兴、景德镇、九江、平顶山、新乡、襄阳、怀化、兰州
	29	橡胶和塑料制品业	6	衡水、宣城、青岛、东营、焦作、资阳
	30	非金属矿物制品业	1	揭阳
	31	黑色金属冶炼和压延加工业	11	阳泉、晋城、淄博、枣庄、驻马店、株洲、潮州、玉林、乐山、广安、铜川
	32	有色金属冶炼和压延加工业	18	唐山、邯郸、廊坊、包头、鄂尔多斯、鞍山、本溪、朝阳、新余、莱芜、安阳、鄂州、湘潭、娄底、攀枝花、达州、六盘水、嘉峪关
	42	废弃资源综合利用业	5	金华、安庆、六安、许昌、汕尾
资本和技术密集型行业（共 9 类）	27	医药制造业	10	石家庄、连云港、南昌、宜春、南阳、海口、成都、咸阳、安康、商洛
	33	金属制品业	22	运城、赤峰、葫芦岛、铜陵、鹰潭市、赣州、郑州、三门峡、黄石、衡阳、郴州、百色、贺州、河池、广元、雅安、曲靖、宝鸡、金昌、白银、西宁、吴忠
	34	通用设备制造业	3	镇江、阳江、云浮
	35	专用设备制造业	4	大连、上海、常州、泰州
	36	汽车制造业	2	聊城、洛阳
	37	铁路、船舶、航空航天和其他运输设备制造业	9	沈阳、长春、宁德、十堰、柳州、重庆、安顺、西安、汉中
	39	计算机、通信和其他电子设备制造业	1	佛山
	40	仪器仪表制造业	6	南京、苏州、深圳、珠海、惠州、绵阳

续表

制造业	两位数行业代码	细分行业	城市数量（个）	城市
资本和技术密集型行业（共9类）	43	金属制品、机械和设备修理业	13	天津、承德、通化市、宁波市、台州、马鞍山、武汉、岳阳、江门、肇庆、清远市、梧州市、石嘴山

表 6-4　2010 年全国 273 个地级及以上城市制造业的相对专业化行业

制造业	两位数行业代码	细分行业	城市数量（个）	城市
劳动密集型行业（共12类）	13	农副食品加工业	26	秦皇岛、通辽、大连、丹东、阜新、铁岭、白城、鹤岗、双鸭山、舟山、威海、日照、临沂、鹤壁、濮阳、驻马店、荆门、荆州、湛江、北海、来宾、崇左、三亚、广元、南充、固原
	14	食品制造业	13	邢台、朔州、呼和浩特、佳木斯、蚌埠、宿州、漯河、商丘、周口、孝感、永州、海口、咸阳
	15	酒、饮料和精制茶制造业	15	四平、绥化、淮北、阜阳、亳州、泰安、菏泽、宜昌、张家界、泸州、德阳、遂宁、宜宾、巴中、遵义
	17	纺织业	6	南通、盐城、绍兴、安庆、滨州、乌鲁木齐
	18	纺织服装、服饰业	—	
	19	皮革、毛皮、羽毛及其制品和制鞋业	5	温州、福州、莆田、泉州、茂名
	20	木材加工和木、竹、藤、棕、草制品业	24	呼伦贝尔、白山、松原、伊春、牡丹江、徐州、宿迁、六安、三明、南平、吉安、抚州、上饶、开封、信阳、咸宁、邵阳、益阳、怀化、桂林、梧州、防城港、钦州、贵港
	21	家具制造业	4	湖州、漳州、佛山、梅州
	22	造纸和纸制品业	6	潍坊、济宁、德州、聊城、常德、眉山
	23	印刷和记录媒介复制业	3	北京、黄山、随州
	24	文教、工美、体育和娱乐用品制造业	11	扬州、丽水、滁州、池州、厦门、枣庄、韶关、汕头、惠州、河源、东莞
	41	其他制造业	1	南阳

续表

制造业	两位数行业代码	细分行业	城市数量（个）	城市
资源密集型行业（共 9 类）	16	烟草制品业	17	张家口、营口、哈尔滨、淮安、合肥、龙岩、南昌、郑州、襄阳、长沙、南宁、成都、贵阳、昆明、玉溪、保山、昭通
	25	石油加工、炼焦和核燃料加工业	17	太原、大同、阳泉、长治、晋中、临汾、吕梁、乌海、锦州、盘锦、大庆、七台河、淄博、丽江、渭南、延安、克拉玛依
	26	化学原料和化学制品制造业	4	晋城、忻州、南京、衢州
	28	化学纤维制造业	14	保定、抚顺、辽阳、吉林、辽源、无锡、杭州、嘉兴、景德镇、九江、平顶山、新乡、自贡、兰州
	29	橡胶和塑料制品业	7	衡水、宣城、青岛、东营、焦作、资阳、银川
	30	非金属矿物制品业	1	揭阳
	31	黑色金属冶炼和压延加工业	8	萍乡、株洲、潮州、玉林、内江、乐山、广安、铜川
	32	有色金属冶炼和压延加工业	15	唐山、邯郸、廊坊、包头、鄂尔多斯、鞍山、本溪、新余、莱芜、安阳、湘潭、娄底、攀枝花、达州、六盘水
	42	废弃资源综合利用业	4	金华、许昌、广州、汕尾
资本和技术密集型行业（共 9 类）	27	医药制造业	6	石家庄、鸡西、连云港、宜春、安康、商洛
	33	金属制品业	26	运城、赤峰、朝阳、葫芦岛、黑河、铜陵、鹰潭、赣州、烟台、三门峡、黄石、衡阳、郴州、柳州、百色、贺州、河池、雅安、曲靖、宝鸡、榆林、金昌、白银、西宁、石嘴山、吴忠
	34	通用设备制造业	6	沧州、镇江、泰州、淮南、阳江、云浮
	35	专用设备制造业	1	常州
	36	汽车制造业	3	沈阳、齐齐哈尔、洛阳
	37	铁路、船舶、航空航天和其他运输设备制造业	9	长春、芜湖、宁德、济南、十堰、重庆、安顺、西安、汉中

续表

制造业	两位数行业代码	细分行业	城市数量（个）	城市
资本和技术密集型行业（共9类）	39	计算机、通信和其他电子设备制造业	2	中山、天水
	40	仪器仪表制造业	5	上海、苏州、深圳、珠海、绵阳
	43	金属制品、机械和设备修理业	14	天津、承德、通化、宁波、台州、马鞍山、武汉、鄂州、黄冈、岳阳、江门、肇庆、清远、嘉峪关

根据表6-2至表6-4可以看出，2003~2010年以劳动密集型行业为相对专业化行业的城市由95个增加到114个，增加了19个，增加的主要是以农副食品加工业，食品制造业，木材加工，木、竹、藤、棕、草制品业为相对专业化行业的城市。以资源密集型行业为相对专业化行业的城市由114个减少到87个，减少了27个，其中减少最多的是以烟草制品业、石油加工、炼焦和核燃料加工业为相对专业化行业的城市。以资本和技术密集型行业为相对专业化行业的城市由64个增加到72个，增加了8个，增加的主要是以金属制品业、金属制品、机械和设备修理业为相对专业化行业的城市。这是由于随着国民健康意识的提升及国家控烟力度的加强、资源的枯竭及环保要求的提高，有一部分城市转向了劳动密集型行业中的农副食品加工业和食品制造业，另一部分城市转向了资本和技术密集型行业中金属制品业、金属制品、机械和设备修理业。2010年以农副食品加工业，金属制品业，木材加工，木、竹、藤、棕、草制品业为相对专业化行业的城市最多，分别为26个、26个、24个；而以其他制造业、非金属矿物制品、专用设备制造业为相对专业化行业的城市最少，都是仅有1个。对于部分以资本和技术密集型行业为相对专业化行业的中小城市而言，其产业集聚可能是其他行业发育不足所导致的，对于这些中小城市而言，资本和技术密集型行业并没有形成规模。总体而言，我国2003~2010年主要是以劳动密集型制造业、资源密集型制造业为主，资本和技术密集型制造业发育不足，尤其是高端制造业发展严重不足。

6.2　模型构建与实证分析

6.2.1　基准计量模型

基于第 2 章的文献回顾和第 4 章的理论分析，本章将采用 2003~2010 年全国 273 个地级及以上城市的面板数据考察制造业部门的相对专业化集聚、相对多样化集聚与新型城镇化之间的关系，基准计量模型如下：

$$U_{it} = \text{cons} + \beta_1 RSP_{it} + \beta_2 RDI_{it} + \sum_{i=1}^{k} \omega_i C_{it} + \eta_i + \delta_t + \mu_{it} \tag{6-3}$$

式中，U_{it} 是本章的被解释变量，即新型城镇化水平；制造业相对专业化集聚指数 RSP_{it} 和制造业相对多样化集聚指数 RDI_{it} 是本章重点考察的解释变量；C_{it} 是引入的控制变量，包括政府干预（*gov*）、人力资本（*edu*）和金融发展（*fd*），各变量的含义及测度方法，将在后面进一步阐述；η_i 为个体固定效应，δ_t 为时点固定效应，μ_{it} 为随机误差。

6.2.2　变量选取及数据说明

（1）核心变量。新型城镇化水平 U_{it} 为本章的被解释变量，本章采用第 3 章测算的新型城镇化综合效用值来表示。各项指标的原始数据来源于相关年份的《中国城市统计年鉴》《中国城市建设统计年鉴》及各省市统计年鉴、统计公报，并对个别城市的缺失数据采用线性插值法进行了补充。制造业相对专业化集聚指数 RSP_{it} 和制造业相对多样化集聚指数 RDI_{it} 是本章重点考察的核心解释变量，采用式（6-1）、式（6-2）测算得出。基础数据来源于中国工业企业数据库。

（2）控制变量。政府干预（*gov*）。政府在教育、科技、社保、基础设施和公共事业等方面的宏观统筹以及财政支持直接影响着新型城镇化的发展进程。因此，参考宋瑛等（2019）、黄庆华等（2020）的做法，选用地方一般公共预算支出占地区生产总值的比重来测度。

人力资本（*edu*）。教育对居民基本素质的提高至关重要。考虑到人力资本积累因素对新型城镇化的推动作用，鉴于地级市层面的数据，参考黄庆华等（2020）的做法，本章选取每万人中普通高等学校的在校学生数来衡量人力资本。

金融发展（*fd*）。金融发展水平的提高能为产业发展、基础设施建设、公共服务等提供资金支持，进而对新型城镇化进程产生重要影响（文先明等，2019）。本章参考宋瑛等（2019）的做法，选取年末金融机构人民币各项贷款余额占地区生产总值的比重来测度金融发展水平。

以上各项指标的原始数据来源于相关年份《中国城市统计年鉴》，对个别城市的缺失数据采用线性插值法进行了补充。各变量的描述性统计结果如表 6-5 所示：

表 6-5　变量的统计性描述

变量	观测值	均值	标准差	最小值	最大值
U_{it}	2184	0.2296896	0.0903022	0.0555634	0.6658936
RSP_{it}	2184	2.815881	3.803532	0.2000678	49.89111
RDI_{it}	2184	2.099043	0.7751614	0.0840655	5.905402
gov	2184	0.1254138	0.0678324	0.0312843	1.485164
edu	2184	132.2937	186.9609	0	1254.554
fd	2184	0.7390308	0.4084606	0.0753187	3.287678

6.2.3　实证结果及分析

为了在模型估计中能得到参数的一致无偏估计量，需要考虑模型中经常出现的内生性问题，内生性主要来源于变量的测量误差、选择偏误、遗漏变量以及反向因果。内生性问题几乎不可避免，当面临内生性时，工具变量法是最为常用的应对手段。此外，不论内生性是否真的存在，使用工具变量法都能得到参数的一致估计。对于面板数据，通常考虑使用内生变量的滞后期作为工具变量，一方面，内生变量的滞后期一般与当期的内生变量相关，而且往往是高度相关，因而相关性条件得以满足；另一方面，内生变量的滞后期由于已经发生，可能与当期

的扰动项也不相关，因而外生性条件得以满足。

综合考虑新型城镇化的影响因素，本章进一步将被解释变量的一阶滞后项作为解释变量引入到基准模型中，将其拓展成为动态面板数据模型，动态面板数据一个突出的优点就是通过控制个体固定效应不但较好地克服了遗漏变量问题，而且还较好地克服了反向因果性问题。在参数估计方法的选取上，对动态面板数据模型进行估计时，OLS 估计法通常会高估解释变量对被解释变量的影响，固定效应的估计方法会低估解释变量对被解释变量的影响，系统 GMM 估计法能够有效地解决 OLS 和固定效应估计参数的有偏性和非一致性问题（马斌、范瑞，2019）。差分 GMM 估计方法主要是通过在一定假设条件下将估计方程的一阶差分变量设定为解释变量的工具变量，从而得到差分 GMM 估计量，这就有效解决了解释变量的内生性问题。但差分 GMM 方法的缺点在于会损失一部分样本信息，而且解释变量的时间连续性较长会减弱工具变量的有效性，小样本情况下尤其如此。系统 GMM 估计方法是通过在差分 GMM 估计方法上再引入水平方程，将滞后差分变量增加为水平方程相应变量的工具变量，从而使得估计结果的有效性大为提高。另外，采用系统 GMM 两步法估计可以消除异方差的干扰，系统 GMM 通常是大量使用滞后期作为工具变量，相较于差分 GMM 估计法，系统 GMM 估计法是将差分方程和水平方程结合在一起进行估计，提高了估计的效率。因此，本章将选取系统 GMM 估计方法对模型参数进行估计，首先需要通过序列相关检验来判断原模型扰动项是否存在序列相关，其次通过 Sargan 检验来判断工具变量选取的有效性。由于时间跨度较短，仅为 8 年，所以在此不做单位根检验。本章根据系统 GMM 估计法的思路，使用 Stata15.0 对模型进行估计，具体回归结果如表 6-6 所示。

表 6-6　实证回归结果

变量	（1）	（2）
$L1$	1.0088*** （23.95）	0.9980*** （22.25）
RSP_{it}	-0.0002 （-0.19）	-0.0002 （-0.93）

续表

变量	(1)	(2)
RDI_{it}	0.0003 (0.25)	-0.0002 (-0.02)
gov	0.0190 (0.86)	0.0255 (0.90)
edu	-0.0001 (-0.83)	-0.0001 (-0.64)
fd	-0.0012 (-0.43)	-0.0021 (-0.89)
cons	-0.0021 (-0.16)	0.0015 (0.10)
AR (1)	0.0021	0.0021
AR (2)	0.1316	0.1403
Sargan	0.256	0.385
OBS	1911	1911

注：*L*1 为被解释变量的滞后一阶。***、**、*分别代表 1%、5%和 10%的显著性水平，括号内为 Z 统计量。

表 6-6 中，第（1）列为 *L*1、RSP_{it}、RDI_{it} 对 U_{it} 的回归结果，同时，考虑模型内生性问题，选取了被解释变量 U_{it} 的三个更高滞后阶数作为工具变量。进一步地，第（2）列将第（1）列中的解释变量 RSP_{it}、RDI_{it} 替换为相应的一阶滞后变量（出于减轻模型内生性问题的考虑），并选取了被解释变量 U_{it} 的三个更高滞后阶数及核心解释变量 RSP_{it}、RDI_{it} 的两个更高滞后阶数作为工具变量。由表 6-6 可以看出，AR（1）一阶序列相关检验的 P 值均小于 0.1，AR（2）二阶序列相关检验的 P 值均大于 0.1，这表明原模型扰动项不存在序列相关，可以使用系统 GMM 估计法。Sargan 检验的 P 值大于 0.1，说明不拒绝原假设，即选取的工具变量有效。模型通过了自相关检验和工具变量过度识别检验，说明做法可行。根据以上两组回归结果可以看出，核心解释变量所对应的系数均未能通过显著性检验，这表明在全国范围内，我们无法得出制造业相对专业化集聚或者相对多样化集聚可以促进新型城镇化发展的确定性结论。这或许是因为在不同的产业集聚规模的城市或者不同的新型城镇化发展水平的城市，制造业的相对专业化集

聚和相对多样化集聚产生的效果不尽相同，这在很大程度上抵消了其在全国地级市层面对新型城镇化产生的影响（朱昊，2017）。为了说明这一点，接下来本章将基于城市产业规模的大小以及新型城镇化综合效用值的高低对城市进行分组，进一步分类讨论制造业的相对专业化集聚和相对多样化集聚对新型城镇化的影响差异。

6.3.4　制造业专业化集聚、多样化集聚的进一步探讨

关于专业化集聚、多样化集聚，对于产业规模较小的城市而言，行业部门生产活动的规模经济效应主要源于专业化集聚，专业化集聚对于每个行业部门而言都被内在化，在这种情形下，规模经济效应可以通过把所有同类生产活动集中于同一个地区而实现收益最大化，如果将就业分散在城市内部的诸多行业部门中便会消除原本规模经济效应带来的正外部性（贺灿飞、潘峰华，2009）。对于整体产业集聚规模较大的城市而言，行业部门生产活动的规模经济效应主要源于多样化集聚，其对于每个行业部门而言被外在化，此时，专业化生产的好处便显得不那么重要，因为此时提高城市生产率水平的是经济活动的总体水平，而不是依赖于某一个行业部门在地理空间上的集中（Henderson，1986；Henderson，2003）。

由此，本书将基于我国 273 个地级及以上城市制造业细分行业的微观数据，进一步探讨制造业的相对专业化集聚和相对多样化集聚对不同城市产业规模的作用差异。城市规模基本上可以反映城市的产业集聚规模，故在此根据《国务院关于调整城市规模划分标准的通知》（国发〔2014〕51 号）来确定城市的规模等级①。根据城区常住人口规模②将各地级市进行城市规模大小的分类，由于在研

① 城区常住人口 50 万以下的城市为小城市，其中 20 万以上 50 万以下的城市为 Ⅰ 型小城市，20 万以下的城市为 Ⅱ 型小城市；城区常住人口 50 万以上 100 万以下的城市为中等城市；城区常住人口 100 万以上 500 万以下的城市为大城市，其中 300 万以上 500 万以下的城市为 Ⅰ 型大城市，100 万以上 300 万以下的城市为 Ⅱ 型大城市；城区常住人口 500 万以上 1000 万以下的城市为特大城市；城区常住人口 1000 万以上的城市为超大城市。

② 关于城市城区常住人口数据，《中国城市建设统计年鉴》《中国城市统计年鉴》《中国城乡建设统计年鉴》均未直接给出。本书使用《中国城市建设统计年鉴》中分城市统计的城区人口和暂住人口数据，该年鉴中的城区人口是指划定的城区（县城）范围的人口数，按公安部门的户籍统计为准；城区暂住人口是指离开常住户口地的市区或乡（镇），到本市居住一年以上的人员，一般按公安部门的暂住人口统计为准。因此，本书采用城区常住人口的近似计算公式：城区常住人口≈城区户籍人口+城区暂住人口。

究区间内，城区常住人口 1000 万以上的超大城市只有上海、北京、重庆、深圳共四个城市；城区常住人口 500 万以上 1000 万以下的特大城市只有广州、武汉、天津、东莞共四个城市。经综合考虑，在此将超大城市和特大城市合并到大城市中，统称为大城市。因此，此处按城市规模将城市划分为三类：大城市、中等城市和小城市，2010 年，我国有大城市 68 个、中等城市 98 个、小城市 107 个。通过在基准计量模型（6-3）中添加关于城市规模等级的虚拟变量，得到制造业相对专业化集聚指数 RSP_{it} 和相对多样化集聚指数 RDI_{it} 的系数随城市规模变化的系数面板数据模型（6-4）：

$$U_{it} = \text{cons} + (\beta_1 + \sum_{j=1}^{2} \gamma_j D_{ji}) \times RSP_{it} + (\beta_2 + \sum_{j=1}^{2} \lambda_j D_{ji}) \times RDI_{it} + \sum_{i=1}^{k} \omega_i C_{it} + \delta_t + \varepsilon_{it} \tag{6-4}$$

模型（6-4）中，D_{ji}（$j=1$，2）为虚拟变量，各虚拟变量的具体含义如下：

$$D_{1i} = \begin{cases} 1，i \text{ 为大城市} \\ 0，i \text{ 为其他城市} \end{cases}$$

$$D_{2i} = \begin{cases} 1，i \text{ 为中等城市} \\ 0，i \text{ 为其他城市} \end{cases}$$

如果 $D_{1i}=D_{2i}=0$，则表明该城市为小城市。另外，与模型（6-3）类似，δ_t 为时点固定效应，由于引入了城市人口规模特征的虚拟变量，故不再控制个体固定效应，ε_{it} 为随机扰动项。将被解释变量的一阶滞后项作为解释变量引入到基准模型（6-4）中，采用动态面板数据的系统 GMM 估计法进行估计，其估计结果如表 6-7 所示：

表 6-7 基于城市规模的实证回归结果

变量	（1）	（2）
$L1$	0.8776*** （44.38）	0.8544*** （20.88）
RSP_{it}	0.1837** （3.82）	0.1527** （2.97）

续表

变量	(1)	(2)
RDI_{it}	-0.2207^{***} (−4.66)	-0.2655^{**} (−2.56)
γ_1	-0.2305^{*} (−1.81)	-0.2231^{**} (−4.05)
γ_2	0.0004^{**} (2.36)	0.0012 * (2.12)
λ_1	0.5426^{**} (4.96)	0.4969^{**} (3.98)
λ_2	-0.0011^{*} (−1.98)	-0.0017^{**} (−2.12)
gov	0.5856^{**} (6.46)	0.3977^{**} (4.34)
edu	0.1845 (0.15)	0.2427 (0.42)
fd	0.1898^{*} (1.84)	0.1967^{*} (2.23)

注：*L*1 为被解释变量的滞后一阶。***、**、*分别代表 1%、5%和 10%的显著性水平，括号内为 t 统计量。

表 6-7 中，第（1）列为 *L*1、RSP_{it}、RDI_{it} 对 U_{it} 的回归结果，同时，考虑模型内生性问题，选取了被解释变量 U_{it} 的三个更高滞后阶数作为工具变量。进一步地，第（2）列将核心解释变量 RSP_{it}、RDI_{it} 替换为相应的一阶滞后项作为解释变量，并选取了被解释变量 U_{it} 的三个更高滞后阶数及核心解释变量 RSP_{it}、RDI_{it} 的两个更高滞后阶数作为工具变量。根据表 6-7 的回归结果，可以发现制造业的相对多样化集聚与相对专业化集聚在不同规模等级城市内对新型城镇化的影响呈现出显著的差异。对于大城市而言，无论哪种情形，相对多样化集聚指数 RDI_{it} 和交互项 $D_{ji}\times RDI_{it}$ 所对应的参数估计值之和都显著为正；而相对专业化集聚指数 RSP_{it} 和交互项 $D_{ji}\times RSP_{it}$ 所对应的参数估计值之和显著为负。反之，对于中等城市、小城市而言，无论哪种情形，相对多样化集聚指数 RDI_{it} 和交互项 $D_{ji}\times RDI_{it}$ 所对应的参数估计值之和都显著为负；相对专业化集聚指数 RSP_{it} 和交互项 $D_{ji}\times RSP_{it}$ 所对应的参数估计值之和都显著为正。以上回归结果表明，对于

大城市来说，多样化的制造业部门能够显著推动新型城镇化发展；对于中等城市和小城市来说，专业化的制造业部门更加有利于新型城镇化发展。这或许是因为，大城市生产力水平较高，资源禀赋结构较高，发展环境相对较好，各个行业的发展都相对较为充分，这样的多样化集聚更有利于创新机制和选择机制发挥作用，进而优化区域空间布局及产业结构，推动城镇系统与产业系统在更高层面上的耦合（吴三忙、李善同，2011；黄莹，2017）。中等城市、小城市生产力水平较低，资源禀赋较低，发展环境具有不确定性，各个行业的发展都相对不充分，在根植机制、强化机制和选择机制的共同作用下，专业化的发展不但使某个行业可以形成规模经济效应，更有利于区域的整体发展。

接下来，本章根据第 3 章测度的新型城镇化综合效用指数对城市分组分类进行回归，由于研究区内，新型城镇化综合效用指数较高的仅有上海、深圳、北京、广州四个城市，因此，此处将新型城镇化综合指数较高的城市与中上城市合并，统称为中上城市。与模型（6-4）类似，设置基于新型城镇化综合效用指数分组的虚拟变量，并引入模型：

$$D_{1i}=\begin{cases}1，i \text{ 为中上城市}\\0，i \text{ 为其他城市}\end{cases}$$

$$D_{2i}=\begin{cases}1，i \text{ 为中下城市}\\0，i \text{ 为其他城市}\end{cases}$$

如果 $D_{1i}=D_{2i}=0$，则表明为新型城镇化综合效用指数较低的城市。对模型（6-4）中的虚拟变量替换为上述虚拟变量，采用系统 GMM 估计方法进行估计，具体回归结果如表 6-8 所示。

表 6-8　基于新型城镇化发展水平的实证回归结果

变量	(1)	(2)
$L1$	0.8014*** (25.16)	0.7452*** (18.81)
RSP_{it}	0.1294** (2.74)	0.1761** (3.08)
RDI_{it}	-0.1965* (-3.05)	-0.2007** (-4.23)

续表

变量	(1)	(2)
γ_1	-0.3012^{**} (-3.64)	-0.2886^{**} (-2.67)
γ_2	0.1141^{**} (2.98)	0.1428^{*} (2.67)
λ_1	0.4626^{***} (5.72)	0.3887^{**} (3.37)
λ_2	-0.0602^{**} (-2.58)	-0.0347^{*} (-3.51)
gov	0.2323^{*} (2.51)	0.3342^{*} (4.42)
edu	0.3834 (0.37)	0.2544 (0.65)
fd	0.1063^{*} (3.56)	0.2361^{**} (6.74)

注：*L*1 为被解释变量的滞后一阶。***、**、*分别代表 1%、5%和 10%的显著性水平，括号内为 t 统计量。

根据表 6-8 的结果可以发现，制造业相对专业化集聚与相对多样化集聚在不同新型城镇化水平的城市内对新型城镇化的影响呈现出显著的差异。对于新型城镇化综合指数较高的城市而言，在不同情形下，相对多样化集聚指数 RDI_{it} 和交互项 $D_{ji}\times RDI_{it}$ 所对应的参数估计值之和均显著为正。反之，对于新型城镇化综合指数中下、较低的城市而言，在不同情形下，相对多样化集聚指数 RDI_{it} 和交互项 $D_{ji}\times RDI_{it}$ 所对应的参数估计值之和均显著为负，且中下城市与较低城市的参数估计结果相差不大；相对专业化集聚指数 RSP_{it} 和交互项 $D_{ji}\times RSP_{it}$ 所对应的参数估计值之和在不同情形下为正。以上结果说明，对于新型城镇化综合效用指数中上的城市来说，多样化的制造业部门能够显著推动新型城镇化；对于新型城镇化综合效用指数中下和较低的城市来说，专业化的制造业部门更加有利于新型城镇化。这或许是因为，对于新型城镇化综合效用指数中上的城市来说，居民生活质量相对较高，整体的发展环境较好，更有利于创新机制和选择机制发挥作用，因此制造业的多样化集聚更有利于创新与选择以满足消费者多样化的需求。同时由于技术、资金以及管理方面的优势，可以满足不同行业的需求，促使新型城镇化水平的进一步提高。对于新型城镇化综合效用指数中下、较低的城市来说，发展环境具有不确定性，资源禀赋结构较低，各个行业发展都较差，在根植机制、强化机制和选择机制的共同作用下，专业化地发展某个行业可以形成规模经济效应，降低生产成本，更有利于区域的整体发展（黄莹，2017）。

因此，综合表6-7和表6-8的回归结果可以发现，无论是以城市规模还是以新型城镇化发展水平作为城市分类标准进行分组回归，大城市、新型城镇化综合效用指数中上的城市主要受制造业部门多样化集聚的促进效应的影响；而中等城市和小城市、新型城镇化水平中下及较低的城市主要受制造业相对专业化集聚的影响。此外，也从侧面说明了城市等级规模较大的城市其新型城镇化水平一般较高。

6.3 本章小结

本章延续了第5章对于制造业集聚、生产性服务业集聚、生活性服务业集聚、公共服务业集聚、新型城镇化之间关联性的探讨，进一步以2003~2010年我国273个地级及以上城市的制造业细分行业部门作为研究对象，展开关于制造业空间集聚形式的选择对新型城镇化作用效果的实证分析。为体现制造业部门内部细分行业的产业结构比例以及其在城市内部的集聚情况，本章测算了各城市制造业部门的相对专业化集聚指数和相对多样化集聚指数，实证探讨了地级市层面制造业相对专业化集聚与相对多样化集聚对新型城镇化的影响。考虑产业集聚的规模、新型城镇化水平的影响，本章进一步以城市规模、新型城镇化综合效用值为标准将地级市进行分组，分类讨论制造业的相对专业化集聚与相对多样化集聚对新型城镇化的影响。经过分析，得出了以下主要结论：

第一，2003~2010年，全国273个地级及以上城市制造业的相对多样化集聚水平提高，而相对专业化集聚水平变化幅度较小。随着新型城镇化水平的提高，制造业的相对多样化集聚指数也有所提高，而新型城镇化水平较低的城市制造业

相对专业化集聚指数比较高。2003~2010 年，我国主要以劳动密集型制造业、资源密集型制造业为主，资本和技术密集型制造业发育不足，尤其是高端制造业发育严重不足。2003~2010 年，以劳动密集型行业为相对专业化行业的城市由 95 个增加到 114 个，增加了 19 个；以资源密集型行业为相对专业化行业的城市由 114 个减少到 87 个，减少了 27 个；以资本和技术密集型行业为相对专业化行业的城市由 64 个增加到 72 个，增加了 8 个。这是由于随着国民健康意识的提高及国家控烟力度的加强、资源的枯竭及环保要求的提高，有一部分城市将重心转向劳动密集型行业中的农副食品加工业和食品制造业，另一部分城市将重心转向资本和技术密集型行业中金属制品业、金属制品、机械和设备修理业。

第二，基于全国 273 个地级及以上城市的动态面板数据系统 GMM 估计结果，无法得出制造业相对专业化集聚、相对多样化集聚可以促进新型城镇化水平提高的确定性结论。这或许是因为在不同的产业集聚规模的城市或者不同的新型城镇化发展水平的城市，制造业的相对专业化集聚和相对多样化集聚产生的效果不尽相同，这会抵消其在全国地级市层面对新型城镇化产生的影响。之后，通过引入代表城市规模和新型城镇化水平大小的虚拟变量，可以进一步发现，无论是以城市规模还是以新型城镇化发展水平作为城市分类标准进行分组回归，大城市、新型城镇化综合指数中上的城市主要受制造业部门多样化集聚的促进效应的影响；而中等城市和小城市、新型城镇化水平中下及较低的城市主要受制造业相对专业化集聚的影响。

第7章　服务业专业化、多样化集聚与新型城镇化的实证分析

随着新型城镇化的发展，制造业对新型城镇化的促进作用逐渐减弱，同时由于人口在空间上的集中，服务业所占比重持续扩大，服务业的行业种类范围也将丰富多样，服务业与新型城镇化的互动关系不断增强（汪坤，2017）。在高质量发展的要求下，居民对生活质量的要求越来越高，民生需求与高质量的服务业是高度统一的，追求高质量的服务将促进生活性服务业和公共服务业的发展（梁雯、孙红，2019；丰晓旭、李勇坚，2020）。那么服务业的专业化集聚与多样化集聚对新型城镇化是否存在促进效应，本章试图解决这个问题。在测度了2003~2017年全国283个地级及以上城市服务业的相对专业化集聚与相对多样化集聚水平的基础上建立计量模型，实证探讨全国地级市整体层面服务业的相对专业化集聚与相对多样化集聚对新型城镇化的作用；考虑产业集聚规模、新型城镇化发展水平的影响，进一步以城市规模①、新型城镇化综合效用值为标准将全国283个地级及以上城市进行分组，分类讨论服务业的相对专业化集聚与相对多样化集聚对新型城镇化的影响。

① 城市规模基本上可以反映城市的产业规模，故按城市规模进行分组。

7.1　服务业专业化集聚与多样化集聚的测度

根据第 6 章的式（6-1）、式（6-2），在此选取服务业部门内部各细分行业部门的从业人员数，计算 2003~2017 年全国 283 个地级及以上城市服务业的相对专业化集聚指数和相对多样化集聚指数，受篇幅的限制，在此仅将 2003 年、2011 年、2017 年的测算结果呈现在散点图上（见图 7-1 至图 7-3）。

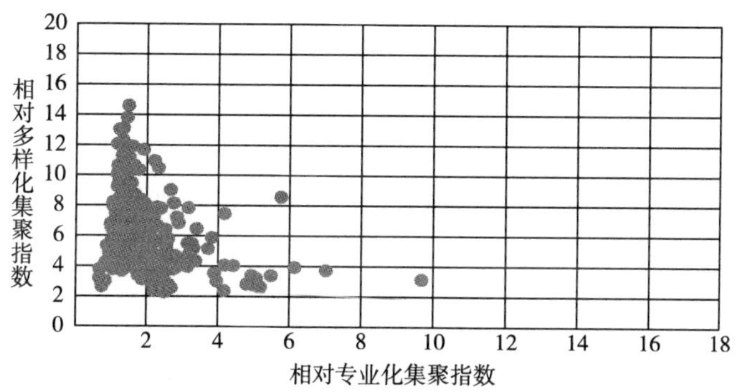

图 7-1　2003 年全国 283 个地级及以上城市服务业的相对专业化集聚与相对多样化集聚水平

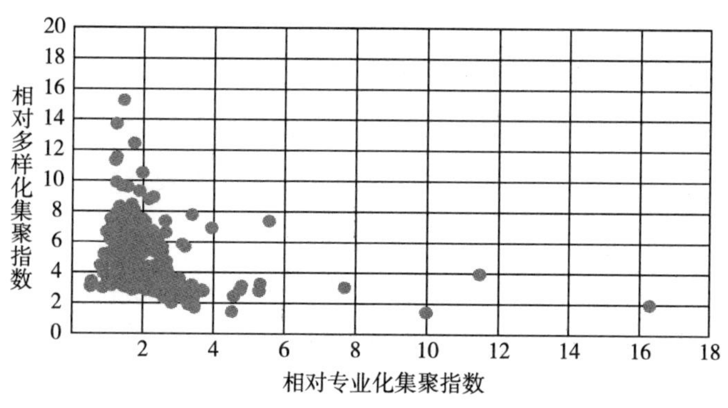

图 7-2　2011 年全国 283 个地级及以上城市服务业的相对专业化集聚与相对多样化集聚水平

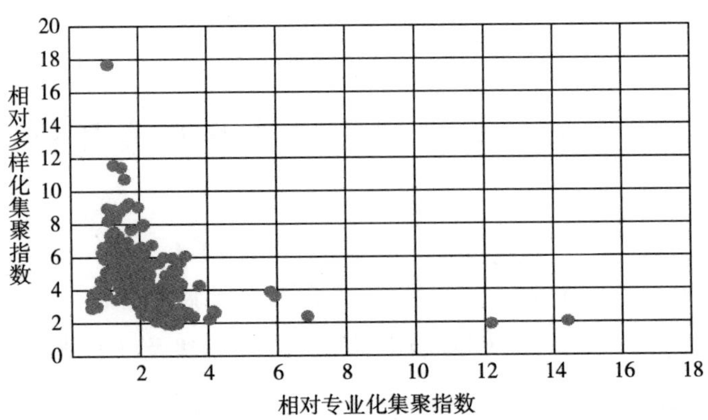

图 7-3　2017 年全国 283 个地级及以上城市服务业的相对专业化集聚与相对多样化集聚水平

根据图 7-1 至图 7-3 可知，2003~2017 年，全国 283 个地级及以上城市服务业的相对专业化集聚程度和相对多样化集聚程度变化幅度均较小，且不存在服务业相对专业化集聚指数高的同时相对多样化集聚指数也比较高的地市，但是存在另外两种情况：服务业相对专业化集聚指数较高、相对多样化集聚指数却较低的地市和服务业相对多样化集聚指数较高而相对专业化集聚指数较低的地市。如三亚市的服务业相对专业化集聚指数一直较高，相对来说，相对多样化集聚指数却较低；大同、大庆、宣城、六安则在个别年份出现了服务业相对专业化集聚指数较高而相对多样化集聚指数较低的情况。郑州、重庆则出现服务业相对多样化集聚指数较高而相对专业化集聚指数较低的情况。总体而言，全国各地市的服务业相对专业化集聚指数与相对多样化集聚指数之间呈现出一定的互补关系。这或许是因为，在根植机制、强化机制的作用下，服务业的集聚具有循环累积效应，使得相对专业化集聚指数较高的地区其相对专业化集聚指数会进一步提升，从而降低其相对多样化集聚指数。同理，服务业相对多样化集聚指数较高也会降低其相对专业化集聚程度。

接下来，本书将全国 283 个地级及以上城市服务业的相对专业化行业进行整理，受篇幅限制，在此仅列出 2003 年、2011 年、2017 年的结果（见表 7-1 至表 7-3）。

表7-1 2003年全国283个地级及以上城市服务业的相对专业化行业

服务业	细分行业	城市数量（个）	城市
生产性服务业	交通运输、仓储和邮政业	14	秦皇岛、临汾、呼伦贝尔、沈阳、锦州、四平、南京、徐州、连云港、蚌埠、韶关、柳州、防城港、宝鸡
	信息传输、计算机和软件业	7	阜新、伊春、汕头、汕尾、清远、潮州、梧州
	金融业	20	晋中、牡丹江、无锡、宁波、嘉兴、湖州、绍兴、台州、芜湖、三明、淄博、烟台、平顶山、株洲、湘潭、佛山、江门、东莞、中山、商洛
	租赁和商业服务业	9	上海、扬州、舟山、淮北、龙岩、枣庄、东营、娄底、贵阳
	科学研究、技术服务和地质勘查业	14	长春、大庆、合肥、南昌、郑州、洛阳、南宁、重庆、成都、绵阳、昆明、西安、兰州、银川
生活性服务业	居民服务、修理和其他服务业	19	北京、天津、太原、大同、哈尔滨、鸡西、鹤岗、双鸭山、苏州、淮南、厦门、景德镇、萍乡、黄石、鄂州、茂名、安顺、酒泉、乌鲁木齐
	文化、体育、娱乐业	17	石家庄、长治、白城、亳州、池州、九江、济南、商丘、孝感、长沙、张家界、眉山、昭通、渭南、金昌、天水、定西
	批发和零售业	16	邯郸、阳泉、晋城、松原、新余、开封、安阳、新乡、许昌、漯河、三门峡、南阳、周口、荆州、崇左、玉溪
	住宿和餐饮业	11	黑河、杭州、黄山、威海、武汉、宜昌、广州、珠海、桂林、北海、三亚
	房地产业	13	大连、佳木斯、盐城、温州、铜陵、福州、青岛、深圳、惠州、海口、德阳、遂宁、保山
公共服务业	水利、环境和公共设施管理业	39	唐山、呼和浩特、包头、乌海、通辽、巴彦淖尔、鞍山、抚顺、本溪、丹东、营口、辽阳、盘锦、铁岭、吉林、辽源、通化、齐齐哈尔、七台河、淮安、镇江、宿迁、马鞍山、滁州、鹰潭、鹤壁、襄阳、常德、益阳、攀枝花、乐山、咸阳、嘉峪关、武威、张掖、西宁、石嘴山、吴忠、固原
	教育	44	邢台、保定、廊坊、赤峰、绥化、安庆、阜阳、宿州、六安、莆田、泉州、漳州、宁德、吉安、上饶、潍坊、泰安、临沂、湛江、梅州、河源、揭阳、云浮、钦州、贵港、玉林、百色、贺州、河池、来宾、泸州、内江、南充、宜宾、广安、达州、巴中、资阳、曲靖、普洱、临沧、白银、平凉、庆阳
	卫生、社会保障和社会福利业	12	常州、南通、泰州、金华、丽水、滨州、十堰、荆门、随州、衡阳、肇庆、自贡

续表

服务业	细分行业	城市数量（个）	城市
公共服务业	公共管理和社会组织	48	张家口、承德、沧州、衡水、朔州、运城、忻州、吕梁、鄂尔多斯、乌兰察布、朝阳、葫芦岛、白山、衢州、宣城、南平、赣州、宜春、抚州、济宁、日照、莱芜、德州、聊城、菏泽、焦作、濮阳、信阳、驻马店、黄冈、咸宁、邵阳、岳阳、郴州、永州、怀化、阳江、广元、雅安、六盘水、遵义、丽江、铜川、延安、汉中、榆林、安康、克拉玛依

表 7-2　2011 年全国 283 个地级及以上城市服务业的相对专业化行业

服务业	细分行业	城市数量（个）	城市
生产性服务业	交通运输、仓储和邮政业	13	秦皇岛、呼伦贝尔、营口、哈尔滨、齐齐哈尔、舟山、芜湖、南昌、青岛、日照、武汉、防城港、乌鲁木齐
	信息传输、计算机和软件业	2	北京、白山
	金融业	13	牡丹江、衢州、台州、宜春、上饶、济宁、临沂、德州、聊城、滨州、平顶山、安阳、焦作
	租赁和商业服务业	11	盘锦、宁波、温州、嘉兴、淮南、龙岩、濮阳、南宁、柳州、昆明、克拉玛依
	科学研究、技术服务和地质勘查业	9	长春、南京、合肥、洛阳、成都、绵阳、西安、兰州、西宁
生活性服务业	居民服务、修理和其他服务业	17	天津、沧州、沈阳、朝阳、鸡西、鹤岗、大庆、佳木斯、黑河、济南、东营、黄石、十堰、宜昌、荆门、广州、酒泉
	文化、体育、娱乐业	9	石家庄、太原、呼和浩特、池州、福州、鹰潭、长沙、武威、银川
	批发和零售业	11	上海、景德镇、淄博、潍坊、泰安、新乡、三门峡、南阳、信阳、周口、玉溪
	住宿和餐饮业	10	无锡、杭州、六安、宣城、威海、郑州、鄂州、孝感、三亚、丽江
	房地产业	11	大连、厦门、烟台、莱芜、开封、驻马店、株洲、深圳、珠海、海口、贵阳
公共服务业	水利、环境和公共设施管理业	32	包头、乌海、通辽、鄂尔多斯、巴彦淖尔、鞍山、抚顺、本溪、丹东、辽阳、吉林、四平、白城、淮安、镇江、金华、滁州、吉安、抚州、枣庄、菏泽、鹤壁、许昌、漯河、商丘、咸宁、随州、张家界、桂林、嘉峪关、金昌、石嘴山

续表

服务业	细分行业	城市数量（个）	城市
公共服务业	教育	56	邯郸、保定、衡水、赤峰、绥化、徐州、连云港、盐城、扬州、宿迁、蚌埠、淮北、安庆、阜阳、宿州、亳州、莆田、泉州、漳州、宁德、赣州、黄冈、汕头、湛江、茂名、肇庆、梅州、汕尾、河源、潮州、揭阳、梧州、北海、钦州、贵港、玉林、贺州、河池、来宾、重庆、泸州、遂宁、内江、南充、宜宾、广安、达州、巴中、曲靖、保山、昭通、咸阳、商洛、平凉、定西、固原
	卫生、社会保障和社会福利业	18	锦州、辽源、常州、苏州、南通、泰州、湖州、绍兴、南平、襄阳、佛山、江门、东莞、中山、自贡、德阳、资阳、宝鸡
	公共管理和社会组织	71	唐山、邢台、张家口、承德、廊坊、大同、阳泉、长治、晋城、朔州、晋中、运城、忻州、临汾、吕梁、乌兰察布、阜新、铁岭、葫芦岛、通化、松原、双鸭山、伊春、七台河、丽水、马鞍山、铜陵、黄山、三明、萍乡、九江、新余、荆州、湘潭、衡阳、邵阳、岳阳、常德、益阳、郴州、永州、怀化、娄底、韶关、惠州、阳江、清远、云浮、百色、崇左、攀枝花、广元、乐山、眉山、雅安、六盘水、遵义、安顺、普洱、临沧、铜川、渭南、延安、汉中、榆林、安康、白银、天水、张掖、庆阳、吴忠

表 7-3　2017 年全国 283 个地级及以上城市服务业的相对专业化行业

服务业	细分行业	城市数量（个）	城市
生产性服务业	交通运输、仓储和邮政业	15	太原、呼伦贝尔、沈阳、营口、哈尔滨、齐齐哈尔、舟山、合肥、芜湖、青岛、焦作、重庆、昆明、西宁、乌鲁木齐
	信息传输、计算机和软件业	5	北京、大连、南京、杭州、济南
	金融业	31	唐山、秦皇岛、承德、晋中、牡丹江、南通、连云港、镇江、泰州、宁波、温州、嘉兴、金华、衢州、台州、丽水、蚌埠、马鞍山、阜阳、池州、龙岩、宁德、泰安、聊城、湘潭、益阳、江门、惠州、汉中、酒泉、银川
	租赁和商业服务业	8	白山、上海、福州、东营、黄冈、广州、深圳、克拉玛依
	科学研究、技术服务和地质勘查业	6	保定、郑州、洛阳、绵阳、西安、兰州

续表

服务业	细分行业	城市数量（个）	城市
生活性服务业	居民服务、修理和其他服务业	11	天津、白城、大庆、六安、厦门、莱芜、东莞、成都、攀枝花、达州、嘉峪关
	文化、体育、娱乐业	7	石家庄、呼和浩特、南昌、淄博、武汉、长沙、南宁
	批发和零售业	7	莆田、驻马店、宜昌、襄阳、鄂州、荆门、玉溪
	住宿和餐饮业	8	廊坊、无锡、常州、湖州、孝感、珠海、三亚、巴中
	房地产业	11	苏州、漳州、烟台、威海、濮阳、商丘、株洲、佛山、中山、海口、贵阳
公共服务业	水利、环境和公共设施管理业	54	张家口、大同、长治、晋城、包头、乌海、鄂尔多斯、巴彦淖尔、鞍山、抚顺、丹东、阜新、辽阳、盘锦、铁岭、朝阳、葫芦岛、长春、吉林、四平、辽源、通化、松原、鸡西、鹤岗、双鸭山、伊春、七台河、黑河、淮安、绍兴、淮南、潍坊、日照、临沂、平顶山、鹤壁、随州、柳州、北海、广元、乐山、眉山、丽江、宝鸡、咸阳、清南、金昌、武威、张掖、石嘴山、吴忠、中卫、哈密
	教育	37	邯郸、沧州、衡水、赤峰、通辽、绥化、盐城、扬州、宿迁、安庆、滁州、亳州、泉州、赣州、抚州、南阳、信阳、周口、汕头、湛江、茂名、梅州、汕尾、潮州、揭阳、钦州、贵港、玉林、泸州、南充、广安、遵义、曲靖、昭通、商洛、平凉、固原
	卫生、社会保障和社会福利业	13	本溪、徐州、淮北、安阳、黄石、荆州、咸宁、肇庆、桂林、梧州、自贡、德阳、资阳
	公共管理和社会组织	70	邢台、阳泉、朔州、运城、忻州、临汾、吕梁、乌兰察布、锦州、佳木斯、铜陵、黄山、宣城、三明、南平、景德镇、萍乡、九江、新余、鹰潭、吉安、宜春、上饶、枣庄、济宁、德州、滨州、菏泽、开封、新乡、许昌、漯河、三门峡、衡阳、邵阳、岳阳、常德、张家界、郴州、永州、怀化、娄底、韶关、河源、阳江、清远、云浮、防城港、百色、贺州、河池、来宾、崇左、遂宁、内江、宜宾、雅安、六盘水、安顺、保山、普洱、临沧、铜川、延安、榆林、安康、白银、天水、庆阳、定西

根据表 7-1 至表 7-3，2003~2017 年以公共服务业为相对专业化行业的城市最多，2017 年多达 174 个，占到 61.5%，这或许是因为其他行业的发展水平较低，而公共服务业发展相对较好，且公共服务业中以公共管理和社会组织为相对专业化行业的城市最多，2017 年多达 70 个。以水利、环境和公共设施管理业为

相对专业化行业的城市有 54 个。以生活性服务业为相对专业化行业的城市有所减少，由 2003 年的 76 个减少到 2017 年的 44 个。2017 年生活性服务业中以居民服务、修理和其他服务业、房地产业为相对专业化行业的城市最多，都是 11 个。以生产性服务业为相对专业化行业的城市个数变化不大，呈现波动趋势，2017 年为 65 个。以金融业为相对专业化行业的城市最多，2017 年为 31 个。以交通运输、仓储和邮政业为相对专业化行业的城市有 15 个。总体而言，说明了我国目前服务业发育不足，尤其是以信息传输、计算机和软件业、科学研究、技术服务和地质勘查业为代表的高端服务业占比不足（张建华、郑冯忆，2020）。生产性服务业依附于制造业企业而存在，是为制造业配套服务的，贯穿于制造业的上、中、下游各个环节，具有高集聚、速成长、广辐射、高智力的特征，是推动产业结构优化升级的关键产业，然而目前专业性强、附加值高的生产性服务业严重不足（何立峰，2017）。生活性服务业和公共服务业的重心是满足人的需求，但目前服务产品的种类和质量严重滞后于消费升级的需求，快速发展的城镇化使政府的公共服务供给压力不断增大，供给水平跟不上新型城镇化的步伐（Barney Cohen，2005；蔡秀云等，2012），高质量公共服务的均等化问题亟待解决。

7.2　模型构建与实证分析

7.2.1　基准计量模型

基于第 2 章的文献回顾和第 4 章的理论分析，本章将采用全国 283 个地级及以上城市的面板数据考察服务业部门的相对专业化集聚、相对多样化集聚与新型城镇化之间的关联，基准计量模型如下：

$$U_{it} = \text{cons} + \beta_1 RSP_{it} + \beta_2 RDI_{it} + \sum_{i=1}^{k} \omega_i C_{it} + \eta_i + \delta_t + \mu_{it} \tag{7-1}$$

式中，U_{it} 是本章的被解释变量，即新型城镇化水平；服务业的相对专业化集聚指数 RSP_{it} 和相对多样化集聚指数 RDI_{it} 是本章重点考察的解释变量；C_{it} 是引入的控制变量，包括政府干预（*gov*）、人力资本（*edu*）和金融发展（*fd*）各变量的含义及测度方法将在后面进一步阐述；η_i 为个体固定效应，δ_t 为时点固定效应，μ_{it} 为随机误差。

7.2.2 变量选取及数据说明

（1）核心变量。新型城镇化水平 U_{it} 为本章的被解释变量，采用第 3 章测算的新型城镇化综合效用值来表示；服务业相对专业化集聚指数 RSP_{it} 和服务业相对多样化集聚指数 RDI_{it} 是本章重点考察的核心解释变量，采用第 6 章中的式（6-1）、式（6-2）测算得出。各项指标的原始数据来源于相关年份的《中国城市统计年鉴》《中国城市建设统计年鉴》及各省市统计年鉴、统计公报，并对个别城市的缺失数据采用线性插值法进行了补充。

（2）控制变量。政府干预（*gov*）。政府在教育、科技、社保、基础设施和公共事业等方面的宏观统筹以及财政支持直接影响着新型城镇化发展进程。因此，本章参考宋瑛等（2019）、黄庆华等（2020）的做法，选用地方一般公共预算支出占地区生产总值的比重来测度。

人力资本（*edu*）。教育对居民基本素质的提高至关重要。考虑到人力资本积累因素对新型城镇化的推动作用，鉴于地级市层面的数据，参考黄庆华等（2020）的做法，本章选取每万人中普通高等学校的在校学生数来衡量。

金融发展（*fd*）。金融发展水平的提高能为产业发展、基础设施建设、公共服务等提供资金支持，进而对新型城镇化进程产生重要影响（文先明等，2019）。本章参考宋瑛等（2019）的做法，选取年末金融机构人民币各项贷款余额占地区生产总值的比重来测度金融发展水平。

以上各项指标的原始数据来源于相关年份《中国城市统计年鉴》，对个别城市的缺失数据采用线性插值法进行了补充。各变量的描述性统计结果如表 7-4 所示。

表 7-4 变量的统计性描述

变量	观测值	均值	标准差	最小值	最大值
U_{it}	4245	0.2296896	0.1115297	0.0676329	0.8367665

续表

变量	观测值	均值	标准差	最小值	最大值
RSP_{it}	4245	2.056016	1.323299	0.3585037	24.98717
RDI_{it}	4245	5.107897	2.085536	1.114935	17.67057
gov	4245	0.1555088	0.0911527	0.0153627	1.57515
edu	4245	151.9772	213.234	0	1311.241
fd	4245	0.8049988	0.4817291	0.0753187	7.450169

7.2.3 实证结果及分析

为了在模型估计中能得到参数的一致无偏估计量，需要考虑模型中经常出现的内生性问题，内生性主要来源于变量的测量误差、选择偏误、遗漏变量以及反向因果。内生性问题几乎不可避免，当面临内生性时，工具变量法是最为常用的应对手段。此外，不论内生性是否真的存在，使用工具变量法都能得到参数的一致估计。对于面板数据，通常考虑使用内生变量的滞后期作为工具变量，一方面，内生变量的滞后期一般与当期的内生变量相关，而且往往高度相关，因而相关性条件得以满足；另一方面，内生变量的滞后期由于已经发生，可能与当期的扰动项也不相关，因而外生性条件得以满足。

综合考虑新型城镇化的影响因素，本章进一步将被解释变量的一阶滞后项、二阶滞后项作为解释变量引入基准模型中，将其拓展成为动态面板数据模型，动态面板数据一个突出的优点就是通过控制个体固定效应不仅较好地克服了遗漏变量问题，而且还较好地克服了反向因果性问题。在参数估计方法的选取上，在对动态面板数据模型进行估计时，OLS 估计法通常会高估解释变量对被解释变量的影响，固定效应的估计方法会低估解释变量对被解释变量的影响，系统 GMM 估计法能够有效地解决 OLS 和固定效应估计参数的有偏性和非一致性问题（马斌、范瑞，2019）。差分 GMM 估计方法主要是通过在一定假设条件下将估计方程的一阶差分变量设定为解释变量的工具变量，从而得到差分 GMM 估计量，这就有效地解决了解释变量内生性问题。但差分 GMM 方法的缺点在于会损失一部分样本信息，而且解释变量的时间连续性较长会减弱工具变量的有效性，小样本情况下尤其如此。系统 GMM 估计方法是通过在差分 GMM 估计方法上再引入水平方程，将滞后差分变量增加为水平方程相应变量的工具变量，从而使得估计结果的有效性大为提高。另外，采用系统 GMM 两步法估计可以消除异方差的干扰，系统 GMM 通常是大量使用滞后期作为工具变量，相较于差分 GMM 估计法，系统 GMM 估计法是将差分方程和水平方程结合一起进行估计，提高了估计的效率。因此，本章将采用动态面板数据的系统 GMM 估计方法对模型参数进行估计，并通过序列相关检验来判断模型扰动项是否存在序列相关，通过 Sargan 检验来判断工具变量选取的有效性。根据系统 GMM 估计方法的思路，本章首先对模型中各变量进行平稳性检验，即单位根检验，具体检验结果如表 7-5 所示。

表 7-5 单位根检验结果

变量	Stata 选项	LLC	Breitung	IPS	Fisher-ADF	Fisher-PP	Hadri LM
U_{it}	trend	-30.6624 (0.0000)	-1.9472 (0.9742)	-3.8382 (0.0001)	388.0839 (0.0000)	1994.0063 (0.0000)	25.6739 (0.0000)
		-11.8823 (0.0000)	3.1342 (0.9991)	-6.2249 (0.0000)	1142.6736 (0.0000)	1687.5659 (0.0000)	19.3282 (0.0000)
	noconstant	-3.5951 (0.0002)	6.5109 (1.0000)				
RSP_{it}	trend	-38.8229 (0.0000)	-0.6634 (0.2535)	-6.2462 (0.0000)	561.9299 (0.0404)	1755.9906 (0.0000)	25.6037 (0.0000)
		-30.4359 (0.0000)	-2.2572 (0.0120)	-3.0823 (0.0010)	1225.1384 (0.0000)	1600.2516 (0.0000)	12.0275 (0.0000)
	noconstant	-8.8812 (0.0000)	1.7416 (0.9592)				
RDI_{it}	trend	-22.6618 (0.0000)	-2.1869 (0.0144)	-4.3926 (0.0000)	718.6525 (0.0000)	1098.9174 (0.0000)	24.1828 (0.0000)
		-14.6699 (0.0000)	-1.2255 (0.1102)	-1.8443 (0.0326)	1328.3308 (0.0000)	1124.3177 (0.0000)	17.8971 (0.0000)
	noconstant	-11.7281 (0.0000)	-9.4507 (0.0027)				

续表

变量	Stata 选项	LLC	Breitung	IPS	Fisher-ADF	Fisher-PP	Hadri LM
gov	trend	-15.4134 (0.0000)	2.2346 (0.9873)	-7.0981 (0.0212)	783.6156 (0.0000)	934.8876 (0.0000)	29.6830 (0.0000)
		-9.4140 (0.0000)	1.3697 (0.9146)	5.0440 (0.0068)	1248.5155 (0.0000)	694.0777 (0.0002)	16.8965 (0.0000)
	noconstant	10.0363 (1.0000)	17.0857 (1.0000)				
edu	trend	-23.8769 (0.0000)	1.7634 (0.9611)	-2.8373 (0.0023)	815.6107 (0.0000)	1307.6022 (0.0000)	29.7323 (0.0000)
		-24.9051 (0.0000)	-1.5806 (0.0570)	-7.0640 (0.0000)	1334.5701 (0.0000)	2789.5308 (0.0000)	25.0694 (0.0000)
	noconstant	27.9248 (1.0000)	4.4251 (1.0000)				
fd	trend	-14.8067 (0.0000)	-3.7596 (0.0001)	2.0742 (0.0080)	710.4457 (0.0000)	1736.7778 (0.0000)	30.7801 (0.0000)
		-2.7699 (0.0028)	-1.6693 (0.0475)	6.0796 (0.0016)	998.5465 (0.0000)	1482.1654 (0.0000)	14.3029 (0.0000)
	noconstant	-7.5324 (0.0000)	16.3643 (1.0000)				

注：LLC、Breitung、IPS、Fisher、HT 检验的原假设为“所有个体是非平稳序列”，即存在单位根；Hadri LM 检验的原假设为“平稳序列”，即不存在单位根。Fisher-ADF 和 Fisher-PP 检验中包含了 noconstant 的情形，但此处不可用，故未列出。此外，Fisher 检验的统计量有 4 个，但由于篇幅限制，在此仅列出了 p 统计量的结果。括号内为 p 统计量。

由表 7-5 可知，当对变量 U_{it}、RSP_{it}、RDI_{it}、*gov*、*edu*、*fd* 进行单位根检验时，上述六种单位根检验方法至少有四种检验方法的检验结果可以强烈地拒绝“存在单位根”的原假设，说明 U_{it}、RSP_{it}、RDI_{it}、*gov*、*edu*、*fd* 的面板数据是稳定的，即 0 阶单整。

本章采用动态面板数据的系统 GMM 估计方法对模型参数进行估计，估计结果如表 7-6 所示。

表 7-6 实证回归结果

变量	(1)	(2)
*L*1	0.4546*** (5.71)	0.5563*** (8.00)
*L*2	0.0812** (2.21)	0.1074** (2.54)
RSP_{it}	-0.0062 (-1.48)	-0.0010 (-0.27)
RDI_{it}	0.0082*** (4.67)	0.0033** (2.38)
gov	-0.0028 (-0.16)	0.0021 (0.15)
edu	-0.0002 (-1.21)	-0.0001 (-0.22)
fd	0.0030 (1.36)	0.0038 (1.59)
cons	0.1400*** (6.38)	0.0942*** (5.33)
AR（1）	0.0000	0.0000
AR（2）	0.3279	0.4385
Sargan	0.4947	0.5482
OBS	3396	3396

注：*L*1、*L*2 分别为被解释变量的滞后一阶、滞后二阶。***、**、*分别代表 1%、5%和 10%的显著性水平，括号内为 Z 统计量。

在表 7-6 中，第（1）列为 *L*1、*L*2、RSP_{it}、RDI_{it} 对 U_{it} 的回归结果，同时，考虑模型内生性问题，选取了被解释变量 U_{it} 的三个更高滞后阶数作为工具变量。进一步地，第（2）列将第（1）列中的解释变量 RSP_{it}、RDI_{it} 替换为相应的一阶滞后变量作为解释变量，并选取了被解释变量 U_{it} 的三个更高滞后阶数及核心解释变量 RSP_{it}、RDI_{it} 的两个更高滞后阶数作为工具变量的回归结果。由表 7-6 可以看出，AR（1）一阶序列相关检验的 P 值小于 0.1，AR（2）二阶序列相关检验的 P 值大于 0.1，这表明模型扰动项不存在序列相关，可以使用系统 GMM 估计法；Sargan 检验的 P 值大于 0.1，说明不拒绝原假设，选取的工具变量有效；

模型通过了自相关检验和过度识别检验，说明做法可行。根据上面的两组回归结果可知，服务业的相对多样化集聚指数 RDI_{it} 所对应的系数均为正，这表明服务业的相对多样化集聚能够促进新型城镇化水平提升；而服务业的相对专业化集聚指数 RSP_{it} 所对应的系数为负，这表明服务业的相对专业化集聚可能阻碍新型城镇化发展，但没有通过显著性检验。对于服务业而言，公共服务业和生活性服务业主要服务于当地居民，具有不可存储性、无形性、不可分割性和消费者参与性等特点（姜长云，2019）；生产性服务业主要为制造业服务，辐射范围广，在选择机制的作用下，服务业的相对多样化集聚更有利于满足消费者的多样化需求，吸引大量的人口聚集于此，从而扩大消费市场，促进更多企业的集聚，在根植机制、强化机制的作用下，形成循环累积效应。在创新机制的作用下，多样化的服务业也更有利于知识和技术的传播和学习，进而增强企业的创新能力（温青青，2017）。而服务业的过度专业化集聚可能会降低资源配置成效，同时也无法满足居民的消费需求。

7.2.4 服务业专业化集聚、多样化集聚的进一步探讨

下面基于我国283个地级及以上城市服务业细分行业的微观数据，进一步探讨服务业的相对专业化集聚和相对多样化集聚对不同产业规模城市的影响差异。同第6章，城市规模基本上可以反映城市的产业集聚规模，故在此根据《国务院关于调整城市规模划分标准的通知》（国发〔2014〕51号）来确定城市的规模等级①。根据城区常住人口规模②将各地级市进行城市规模大小的分类，由于在研究区间内，城区常住人口1000万以上的超大城市只有上海、北京、重庆、深圳、

① 城区常住人口50万以下的城市为小城市，其中20万以上50万以下的城市为Ⅰ型小城市，20万以下的城市为Ⅱ型小城市；城区常住人口50万以上100万以下的城市为中等城市；城区常住人口100万以上500万以下的城市为大城市，其中300万以上500万以下的城市为Ⅰ型大城市，100万以上300万以下的城市为Ⅱ型大城市；城区常住人口500万以上1000万以下的城市为特大城市；城区常住人口1000万以上的城市为超大城市。

② 关于城市城区常住人口数据，《中国城市建设统计年鉴》《中国城市统计年鉴》《中国城乡建设统计年鉴》均未直接给出。本书使用《中国城市建设统计年鉴》中分城市统计的城区人口和暂住人口数据，该年鉴中的城区人口是指划定的城区（县城）范围的人口数，以公安部门的户籍统计为准；城区暂住人口是指离开常住户口地的市区或乡（镇），到本市居住一年以上的人员，一般以公安部门的暂住人口统计为准。因此，本书采用城区常住人口的近似计算公式：城区常住人口≈城区户籍人口+城区暂住人口。

广州5个城市；城区常住人口500万以上1000万以下的特大城市只有武汉、天津、成都、东莞、南京、郑州、杭州、长沙、沈阳9个城市，经综合考虑，在此将超大城市并入到特大城市中，统一称为特大城市。因此，此处按城市规模将城市划分为四类：特大城市、大城市、中等城市和小城市，2017年，特大城市14个，大城市78个、中等城市103个、小城市86个。通过在基准计量模型（7-1）中添加关于城市规模等级的虚拟变量，得到计量模型（7-2）：

$$U_{it}=\text{cons}+\left(\beta_1+\sum_{j=1}^{3}\gamma_j D_{ji}\right)\times RSP_{it}+\left(\beta_2+\sum_{j=1}^{3}\lambda_j D_{ji}\right)\times RDI_{it}+\sum_{i=1}^{k}\omega_i C_{it}+\delta_t+\varepsilon_{it} \quad (7-2)$$

模型（7-2）中，D_{ji}（$j=1, 2, 3$）为虚拟变量，各虚拟变量的含义如下：

$$D_{1i}=\begin{cases}1, & i \text{ 为特大城市}\\ 0, & i \text{ 为其他城市}\end{cases}$$

$$D_{2i}=\begin{cases}1, & i \text{ 为大城市}\\ 0, & i \text{ 为其他城市}\end{cases}$$

$$D_{3i}=\begin{cases}1, & i \text{ 为中等城市}\\ 0, & i \text{ 为其他城市}\end{cases}$$

如果 $D_{1i}=D_{2i}=D_{3i}=0$，则表明该城市为小城市。将被解释变量的一阶滞后项、二阶滞后项作为解释变量引入到基准模型（7-2）中，进行动态面板数据的系统GMM估计，其回归结果如表7-7所示。

表7-7　基于城市规模的实证回归结果

变量	(1)	(2)
$L1$	0.3962*** (4.99)	0.4044*** (5.38)
$L2$	0.0711** (2.42)	0.0670** (2.31)
RSP_{it}	-0.0765*** (2.53)	-0.0786 (-4.38)
RDI_{it}	0.0082*** (4.64)	0.0069** (4.47)
γ_1	0.0455 (1.19)	0.0312 (0.27)

续表

变量	(1)	(2)
γ_2	0.0206 (0.47)	0.0086 (0.08)
γ_3	0.0014* (1.74)	0.0026* (1.85)
λ_1	0.6029*** (5.89)	0.4865*** (5.45)
λ_2	0.4659*** (3.48)	0.3087** (3.35)
λ_3	0.1102** (2.61)	0.1203** (2.39)
gov	-0.0226 (-0.87)	-0.0074 (-0.32)
edu	-0.0003 (-1.53)	-0.0001 (-0.54)
fd	0.0035* (2.31)	0.0028* (1.98)

注：*L*1、*L*2 分别为被解释变量的滞后一阶、滞后二阶。***、**、*分别代表1%、5%和10%的显著性水平，括号内为Z统计量。

在表7-7中，第（1）列为 *L*1、*L*2、RSP_{it}、RDI_{it} 对 U_{it} 的回归结果，同时，考虑模型内生性问题，选取了被解释变量 U_{it} 的三个更高滞后阶数作为工具变量。第（2）列将核心解释变量 RSP_{it}、RDI_{it} 替换为相应的一阶滞后项作为解释变量，并选取了被解释变量 U_{it} 的三个更高滞后阶数及核心解释变量 RSP_{it}、RDI_{it} 的两个更高滞后阶数作为工具变量。根据表7-7的回归结果可以发现，服务业的相对多样化集聚与相对专业化集聚在不同规模等级城市内对新型城镇化的影响呈现出明显的差异。对于特大城市、大城市、中等城市和小城市来说，在不同情形下，服务业的相对多样化集聚指数 RDI_{it} 和交互项 $D_{ji}\times RDI_{it}$ 所对应的参数估计值之和都显著为正，且随着城市规模的增大，服务业的相对多样化集聚指数 RDI_{it} 和交互项 $D_{ji}\times RDI_{it}$ 所对应的参数估计值之和越大；而相对专业化集聚指数 RSP_{it} 和交互项 $D_{ji}\times RSP_{it}$ 所对应的参数估计值之和在不同情形下为负，且对于小城市而言，这种负向影响更大，而对于特大城市、大城市而言，其没有通过显著性检验，说明影响不大。这表明，一个城市无论规模大小，在选择机制的作用下，城镇系统和产业系统可以实现服务业方面的耦合，即都需要多样化的服务业来满足本地居民的消费需求。规模越大的城市，居民相对也越多，对服务业的要求相对较高，服务业行业的种类也更全面，服务业多样化集聚带来的知识溢出可以满足企业相互学习的需要。对于小城市而言，其专业化行业大都是公共服务业，公共服务业主要是政府依据城市发展的需要提供，过度的公共服务业反而会造成资源浪费，降低社会资源配置的效用。

接下来，根据第 3 章测度的新型城镇化综合效用指数对城市进行分类回归，与模型（7-2）类似，设置基于新型城镇化综合效用指数分组的虚拟变量，并引入模型：

$$D_{1i}=\begin{cases}1，i \text{ 为较高城市}\\0，i \text{ 为其他城市}\end{cases}$$

$$D_{2i}=\begin{cases}1，i \text{ 为中上城市}\\0，i \text{ 为其他城市}\end{cases}$$

$$D_{3i}=\begin{cases}1，i \text{ 为中下城市}\\0，i \text{ 为其他城市}\end{cases}$$

如果 $D_{1i}=D_{2i}=D_{3i}=0$，则表明该城市为新型城镇化综合效用指数较低的城市。将模型（7-2）中的虚拟变量替换为上述虚拟变量进行动态面板数据的系统 GMM 估计，回归结果如表 7-8 所示。

表 7-8　基于新型城镇化发展水平的实证回归结果

变量	(1)	(2)
L1	0.4653*** (5.93)	0.3947*** (5.01)
L2	0.0769** (2.14)	0.0709** (2.43)
RSP_{it}	-0.0605** (2.56)	-0.0364** (-2.37)
RDI_{it}	0.0077*** (4.46)	0.0084*** (4.61)

续表

变量	(1)	(2)
γ_1	0.0841 (1.50)	0.0122 (1.67)
γ_2	0.0512 (1.47)	0.0274 (0.02)
γ_3	0.0018* (1.85)	0.0026* (2.56)
λ_1	0.5899*** (7.54)	0.4977*** (4.02)
λ_2	0.4626** (4.27)	0.3887*** (3.67)
λ_3	0.1602** (2.58)	0.1347* (1.79)
gov	-0.0104 (-0.52)	-0.0147 (-0.63)
edu	-0.0002 (-1.21)	-0.0003 (-1.41)
fd	0.0016* (2.60)	0.0038* (2.39)

注：L1、L2 分别为被解释变量的滞后一阶、滞后二阶。***、**、*分别代表 1%、5%和 10%的显著性水平，括号内为 Z 统计量。

根据表 7-8 的回归结果可以发现，处于新型城镇化不同发展水平的城市，其服务业部门相对专业化集聚和相对多样化集聚对新型城镇化的作用同样呈现出明显的差异。对于不同水平新型城镇化的城市，服务业的相对多样化集聚指数 RDI_{it} 和交互项 $D_{ji}\times RDI_{it}$ 所对应的参数估计值之和在不同情形下均表现为显著为正的结果，且随着新型城镇化水平的提高，服务业相对多样化集聚指数 RDI_{it} 和交互项 $D_{ji}\times RDI_{it}$ 所对应的参数估计值之和越大，这说明新型城镇化水平较高的城市更加依赖服务业部门多样化发展所带来的促进效应；而相对专业化集聚指数 RSP_{it} 和交互项 $D_{ji}\times RSP_{it}$ 所对应的参数估计值之和在不同情形下为负，且对于新型城镇化水平较低的城市，这种负向影响更大，而对于新型城镇化水平中上、较高的城市来说，其没有通过显著型检验，说明影响不大。这表明，一个城市无论新型城镇化发展水平高低，在选择机制的作用下，城镇系统和产业系统可以实现服务业方面的耦合，即都需要多样化的服务业来满足本地居民的消费需求，但新型城镇化水平越高的城市，人们对服务业的需求越多，更需要多样化、高质量的服务来满足居民的消费需求。新型城镇化水平越高的城市，产业结构的高级化程度越高，服务业对新型城镇化的影响也越大；对于新型城镇化水平较低的城市而言，其专业化行业大都是公共服务业，过度的公共服务业反而会造成资源浪费，降低社会资源配置的效用。

因此，综合表7-7和表7-8的回归结果可以发现，对于城市而言，无论是人口规模大小还是新型城镇化发展水平高低，在选择机制的作用下，都需要服务业的相对多样化集聚来满足消费需求，并且人口规模越大的城市、新型城镇化水平越高的城市，在根植机制和强化机制的作用下，服务业的相对多样化集聚对新型城镇化的推动作用越强。而服务业的相对专业化集聚对新型城镇化可能会产生消极影响，且人口规模越小的城市、新型城镇化水平越低的城市，服务业的相对专业化集聚对新型城镇化的负面影响越大。这表明，在选择机制的作用下，服务业的相对多样化集聚更能满足居民多样化的消费需求，此外，在根植机制和强化机制的作用下，多样化的集聚可以促进不同行业间的信息交流和互动，由于创新机制的存在，又进一步推动技术创新（温青青，2017）。

7.3 本章小结

本章进一步将我国283个地级及以上城市的服务业部门作为研究对象，展开关于服务业空间集聚形式的选择对新型城镇化作用效果的实证探讨。为体现服务业部门内部细分行业的产业结构比例以及其在城市内部的集聚情况，本章测算了各城市服务业部门的相对专业化集聚指数和相对多样化集聚指数，实证探讨了地级市及以上城市层面服务业相对专业化集聚与相对多样化集聚对新型城镇化的影响。考虑产业集聚规模、新型城镇化水平的影响，本章进一步以城市规模、新型城镇化综合效用值为标准将地级市及以上城市进行分组，分类讨论服务业的相对

专业化集聚与相对多样化集聚对新型城镇化的影响。经过分析，得出了以下主要结论：

第一，2003~2017 年，服务业的专业化与多样化特征的空间分异特征并不明显。全国 283 个地级及以上城市服务业的相对专业化集聚程度和相对多样化集聚程度变化幅度均较小，且服务业的相对专业化集聚指数与相对多样化集聚指数之间呈现出一定的互补关系。此外，我国目前服务业发育不足。2003~2017 年，以公共服务业为相对专业化行业的城市最多；以生活性服务业为相对专业化行业的城市有所减少；以生产性服务业为相对专业化行业的城市个数变化不大，呈现波动趋势。

第二，基于全国 283 个地级及以上城市的动态面板数据系统 GMM 估计结果表明，服务业的相对多样化集聚能够促进新型城镇化水平提升，服务业的相对专业化集聚可能阻碍新型城镇化发展。这或许是因为在选择机制的作用下，服务业的相对多样化集聚更有利于满足消费者的多样化需求，吸引大量的人口聚集于此，从而扩大消费市场，促进更多企业的集聚，在根植机制、强化机制的作用下，形成循环累积效应。在创新机制的作用下，多样化的服务业也更有利于知识和技术的传播和学习，进而增强企业的创新能力。而服务业的过度专业化集聚可能会降低资源配置成效，同时也无法满足居民的消费需求。之后，通过引入代表城市规模大小和新型城镇化水平高低的虚拟变量，可以进一步发现，对于城市而言，无论是城市规模大小还是新型城镇化发展水平高低，都需要服务业的相对多样化集聚，并且规模越大、新型城镇化水平越高的城市，服务业的相对多样化集聚对新型城镇化的促进作用越强；而服务业的相对专业化集聚对新型城镇化可能会产生消极影响，且规模越小、新型城镇化水平越低的城市，服务业的相对专业化集聚对新型城镇化的负面影响越强。这表明，在选择机制的作用下，服务业的相对多样化集聚更能满足居民多样化的消费需求，此外，在根植机制和强化机制的作用下，多样化的集聚可以促进不同行业间的信息交流和互动，由于创新机制的存在，又进一步推动技术创新。

第 8 章　研究结论与政策启示

8.1　研究结论

本书在梳理相关文献的基础上，基于我国 283 个地级及以上城市 2003~2017 年新型城镇化发展的各项指标数据与制造业、14 个细分服务业从业人员数据，提出了新型城镇化阶段判别标准，构建了新型城镇化评价指标体系，阐述了产业集聚评价指标区位商和行业集中度，分别依据这两项指标描述了我国新型城镇化和产业集聚的发展现状，进而从理论上探讨了新型城镇化与产业集聚的内在关系，系统分析了二者如何互动发展。在此基础上，构建了 PVAR 模型，采用面板 Granger 因果检验、脉冲响应函数、方差分解进行分析，考察了新型城镇化、制造业集聚、公共服务业集聚、生产性服务业集聚、生活性服务业集聚之间动态互动关系。为体现制造业部门、服务业部门内部细分行业的产业结构比例以及其在城市内部的集聚情况，进一步测算了各城市制造业部门、服务业部门的相对专业化集聚指数和相对多样化集聚指数，实证探讨了全国地级市整体层面的制造业、服务业相对专业化集聚与相对多样化集聚对新型城镇化的影响；并以产业规模、新型城镇化综合效用值为标准对地级市进行分组，分类讨论了制造业、服务业的相对专业化集聚和相对多样化集聚在不同城市内部作用效果的差异。研究得出以下结论：

第一，2003~2017 年，我国新型城镇化水平呈缓慢上升的趋势，但城镇化质量不高，仍然处于新型城镇化初期阶段。从地级市层面来看，2017 年，没有城市步入新型城镇化后期阶段；处于新型城镇化初期阶段的 17 个城市新型城镇化综合效用值全部较低；处于新型城镇化后期阶段的 26 个城市新型城镇化综合效用值均较高。因此，新型城镇化综合效用值基本能反映新型城镇化阶段。总体而言，东部地区的城市新型城镇化水平普遍较高，西部地区的城市新型城镇化水平较低。

第二，基于区位商测度的产业集聚表明，2003~2017 年，制造业、生产性服务业、生活性服务业的集聚趋势较为明显，公共服务业没有呈现出集聚趋势。通过对 283 个地级及以上城市 2003~2017 年制造业、生产性服务业、生活性服务业和公共服务业的区位商变动态势进行分析可以发现，制造业区位商大于 1 的城市以东部、中部的大中城市为主；生产性服务业区位商大于 1 的城市以大城市、省会城市为主；生活性服务业区位商大于 1 的城市以大城市为主；个别中小城市生产性服务业、生活性服务业区位商大于 1，这可能是因其他产业发展不足而造成的，也可能是个别异常值。对于公共服务业而言，区位商大于 1 的城市以中部、西部地区的中小城市为主，说明中部、西部地区中小城市的其他产业没有发展起来而造成公共服务业区位商相对较高，此外，由于公共服务业的特殊性，其没有呈现出集聚趋势。

第三，基于行业集中度测度的产业集聚表明，2003~2017 年，制造业集聚水平呈现先上升后下降的倒“U”形趋势，生产性服务业和生活性服务业集聚水平呈现缓慢上升的“S”形趋势，而公共服务业集聚水平较低且变化不大。通过对 283 个地级及以上城市 2003~2017 年制造业、生产性服务业、生活性服务业和公共服务业前 30 位集中度以及产业集聚地变化情况进行分析可以发现，产业集聚地分布相当不平衡，江苏、广东、山东、浙江和上海集聚了绝大部分制造业、生产性服务业和生活性服务业。但值得注意的是，近些年，东部地区城市的制造业集聚水平有所下降，生产性服务业集聚水平有所上升；而中西部地区城市的制造业集聚水平有所上升。

第四，城镇系统与产业系统都是动态的、复杂的系统，具有不同的网络结构和行为特征，彼此相互适应、相互影响。在根植机制、强化机制、创新机制、选择机制的共同作用下，资源禀赋、产业结构、空间布局与发展环境在产业集聚与新型城镇化进程中交织作用，且各演化内容之间互有重叠、互相强化。对于不同的城市来说，这些演化内容的初始条件是不同的，由于在发展中相互作用的组合、模式和强度不同而呈现出差异化的影响。在新型城镇化的各个阶段，各类产业都对新型城镇化产生影响，同时新型城镇化也反作用于各类产业。伴随着产业结构由简单到复杂、由低级到高级、由刚性到柔性的发展过程，新型城镇化与产业集聚是以资源禀赋为基础，以居民和企业追求高收益为动力，以集聚效应提高劳动生产率为吸引，以资源禀赋结构提升促进产业结构升级、城镇功能提升的互动过程。

第五，基于 PVAR 模型，采用面板 Granger 因果检验、脉冲响应、方差分解进行分析，结果表明，新型城镇化、公共服务业、制造业、生产性服务业、生活性服务业彼此相互联系、相互影响、互促共进。由于根植机制、强化机制、创新机制、选择机制的共同作用，新型城镇化、公共服务业、制造业、生产性服务业、生活性服务业单纯靠推动自身的发展来追求自身的发展不具有可持续性，单纯地推动某一方面的发展来追求其他几方面的发展也不具有可持续性。新型城镇化、公共服务业、制造业、生产性服务业、生活性服务业短期内主要受自身的影响，但长期彼此相互影响，且自身对自身的作用逐渐减弱，而彼此之间的作用逐渐增强。伴随着新型城镇化的发展，制造业、生产性服务业、服务业先后得到发展。新型城镇化需要匹配合适的产业，因此有必要根据新型城镇化的发展水平，加强新型城镇化与各类产业集聚的互动关系，依托城镇的资源禀赋优势、基础设施优势、发展环境优势，促进相关产业的集聚发展，而产业的发展又会反过来促进城镇功能的提升。

第六，基于全国 273 个地级及以上城市的动态面板数据系统 GMM 估计结果表明，无法得出制造业相对专业化集聚、相对多样化集聚可以促进新型城镇化水平提高的确定性结论。这或许是因为在不同的产业集聚规模的城市或者不同的新型城镇化发展水平的城市，制造业的相对专业化集聚和相对多样化集聚产生的效果不尽相同，这会抵消其在全国地级市及以上城市层面对新型城镇化产生的影响。之后，通过引入代表城市规模和新型城镇化水平大小的虚拟变量，可以进一步发现，无论是以城市规模还是以新型城镇化发展水平作为城市分类标准进行分

组回归，大城市、新型城镇化综合指数中上的城市都主要受制造业部门多样化集聚的促进效应的影响；而中等城市和小城市、新型城镇化水平中下及较低的城市主要受制造业相对专业化集聚的影响。

第七，基于全国 283 个地级及以上城市的动态面板数据系统 GMM 估计结果表明，服务业的相对多样化集聚能够促进新型城镇化水平提升，服务业的相对专业化集聚可能阻碍新型城镇化发展。这或许是因为在选择机制的作用下，服务业的相对多样化集聚更有利于满足消费者的多样化需求，吸引大量的人口聚集于此，从而扩大消费市场，促进更多企业的集聚，在根植机制、强化机制的作用下，形成循环累积效应；在创新机制的作用下，多样化的服务业也更有利于知识和技术的传播和学习，进而增强企业的创新能力。而服务业的过度专业化集聚可能会降低资源配置成效，同时也无法满足居民多样化的消费需求。之后，通过引入代表城市规模大小和新型城镇化水平高低的虚拟变量，可以进一步发现，对于城市而言，无论是城市规模大小还是新型城镇化发展水平高低，都需要服务业的相对多样化集聚，并且规模越大、新型城镇化水平越高的城市，服务业的相对多样化集聚对新型城镇化的促进作用越强；而服务业的相对专业化集聚对新型城镇化可能会产生消极影响，且城市规模越小的城市、新型城镇化水平越低的城市，服务业的相对专业化集聚对新型城镇化的负面影响越强。这表明，在选择机制的作用下，服务业的相对多样化集聚更能满足居民多样化的消费需求，此外，在根植机制和强化机制的作用下，多样化的集聚可以促进不同行业间的信息交流和互动。

8.2　政策启示

我国新型城镇化重点建设时期并不长。2014 年《国家新型城镇化规划（2014—2020 年）》正式发布之后，新型城镇化的建设才正式推进，即在改革开放后的很长一段时期内，我国的城镇化建设无论是在空间布局方面还是软实力建设方面都不尽合理，产业集聚能力和水平不甚明显，而且长时间无序粗放的发展带来了土地、资源和环境等方面的社会问题加剧，导致了城镇功能不强，产城人融合不紧密，在很大程度上抑制了新型城镇化的步伐，从而抑制了产业集聚的发展（白珊，2018）。新型城镇化与产业集聚二者之间互动协调发展是中国未来的发展方向。应根据不同发展水平、不同环境条件下新型城镇化与产业集聚互动发展的特点，采取相应的措施促进两者之间的良性互动发展。本书的研究结论为我国新型城镇化的推进以及产业集聚的发展提供了重要的经验证据。基于上述研究结论，得到以下政策启示：

第一，对于新型城镇化水平较低的小城市来说，政府应该加强规划和引导，根植机制、社会选择机制、政府选择机制起着关键性的作用。政府要注重城镇基础设施建设，提升公共服务业的发展水平，为制造业的发展创造条件；同时要积极承接适合本地发展的制造业转移；各地区要根据自身的区位优势、自然资源优势以及经济社会发展的特征，选择性地发展重点产业，还要注重农业产业化龙头企业对城镇发展的推动作用，为城镇功能的提升提供支撑；通过专业化分工强化城市之间的产业关联，推动城市之间产业分工协作体系的形成。

第二，对于新型城镇化水平中下的中小城市来说，根植机制、强化机制和政府选择机制更为重要。政府要推动城镇选择本地具有根植性条件、能够形成本地化规模效应的主导产业；同时，利用企业家、产业自身的外部支撑条件以及政府引导强化优势产业的发展基础，促进制造业专业化集聚发展，通过制造业的专业化集聚发展带来人口的集聚，进而带动以公共服务业和生活性服务业为主的服务业多样化发展。各个地区必须根据自身的实际和优势确定“产业空当”和“市场空间”，选择支柱产业，形成具有地方特色的产业，同时要培育相关配套产业，加强地区之间的专业化分工和协作，增强集聚要素的能力。尤其是对于我国中西部欠发达地区来说，新型城镇化进展缓慢，城镇化水平较低，这些地区可以通过培育和发展当地具有比较优势的特色产业，以制造业的专业化分工强化地区之间的产业关联，以制造业的集聚促进服务业的发展，形成地区产业集聚，促进当地经济发展，带动周边区域产业和城镇化发展。

第三，对于新型城镇化水平中上的大中城市来说，创新机制、市场选择机制和政府选择机制的影响更大。产业相比于中小城市集约度更高，服务于整个区域，应构建产业集聚区，提升要素集聚能力，拓展产业集聚发展空间，逐步形成

以战略性新兴产业、先进制造业和现代服务业为主的现代产业体系，并通过制造业、生产性服务业联动发展带动城镇发展，同时要推动劳动密集型的制造业向外围中小城市转移，加强周边中小城市与腹地之间的联系。对于这些大中城市，新型城镇化和产业集聚已经有了一定基础，因此，不应只注重规模扩张，而更应该注重城镇化发展质量和产业集群升级的提高，在更高水平上进一步促进新型城镇化和产业集聚之间的互动发展。要规范现有产业园区，加强配套设施建设，进一步降低企业的运营成本，增强要素的集聚能力，不断提高产业集聚品质，扩大产业集聚规模。政府要加强引导，大力推动生产性服务业集聚发展，不断提升研发设计、文化科技、信息咨询等行业的发展水平；改造提升传统制造业，大力发展技术指向型的制造业，促进制造业升级，健全以高端制造业、现代服务业为主的产业体系。同时在产业集聚形式的选择上，对于制造业，要实现专业化集聚向多样化集聚的转变；对于服务业，要注重生产性服务业、生活性服务业、公共服务业的协调发展，提高服务业的多样化水平。通过高端制造业和生产性服务业联动发展来促进新型城镇化与产业集聚步入优质耦合阶段。

第四，对于新型城镇化水平较高的大城市而言，创新机制和市场选择机制的作用尤为重要。在高质量发展的要求下，大力实施创新驱动战略，全面促进城镇功能提升，发挥城镇的创新载体作用，强化自主创新意识，推动新型城镇化与产业集聚向更高层次发展。创新要注重技术创新和制度创新并重，营造创新集聚的和谐氛围，逐步完善信息交流、技术共享、创新风险投资等支撑体系，吸引高素质的企业家和复合型人才聚集，鼓励企业之间建立密切而广泛的联系，鼓励多种产业部门的协调发展，提高产业发展的层次，拓展面向腹地的产业和服务链。首先要以知识和技术型制造业和现代服务业为载体，不断完善新型城镇化与产业结构高级化之间的互动机制，大力提高自主创新能力，优化产业创新制度环境；其次要依托大城市，加强新型城镇化和产业升级的互动内生性，发挥大城市的规模效应和集聚效应，促进新型城镇化对产业结构升级的积极作用。

参考文献

[1] Abraham G., K. Taylor. Firm's Use of Outside Contractors: Theory and Evidence [J]. Journal of Labor Economics, 1996, 14 (1): 394-424.

[2] Amiti M. Location of Vertically Linked Industries: Agglomeration Versus Comparative Advantage [J]. European Economic Review, 2005, 49 (4): 809-832.

[3] Barney Cohen. Urbanization in Developing Countries: Current Trends, Future Projections, and Key Challenges for Sustainability [J]. Technology in Society, 2005, 28 (1): 63-80.

[4] Bertinelli L., Decrop J. Geographical Agglomeration: Ellison and Glaaeser's Index Applied to the Case of Belgian Manufacturing Industry [J]. Regional Studies, 2005 (39).

[5] Billings S. B., Johnson E. B. Measuring Agglomeration: Which Estimator Should We Use? [EB/OL]. 2015, https://papers.ssrn.com/sol3/Delivery.cfm?abstractid=2693098.

[6] Brenner T., Weigelt N. The Evolution of Industrial Clusters: Simulating Spatial Dynamics [J]. Advances in Complex Systems, 2001, 4 (1): 127-147.

[7] Brenner T. Simulating the Evolution of Localised Industrial Clusters: An Identification of the Basic Mechanism [J]. Journal of Artificial Societies and Social Simulation, 2001, 4 (3): 4.

[8] Breitung J. The Local Power of Some Unit Root Tests for Panel Data [M] // Advances in Economtrics, Nonstationary Panels, Panel Cointegration, and Dynamic

Panels. Amsterdam: JAI Press, 2000 (15): 161-178.

[9] Breitung J., S. Das. Panel Unit Root Tests under Cross-sectional Dependence [J]. Statistica Neerlandica, 2005 (59): 414-433.

[10] Button K. J. Urban Economics: Theory and Policy [M]. London: The MacMillan Press, 1976.

[11] Choi I. Unit Root Tests for Panel Data [J]. Journal of International Money and Finance, 2001 (20): 249-272.

[12] Clancy P., Malley E., Connell L., et al. Industury Clusters in Ireland: An Application of Porter' s Model of National Competitive Advantage to Three Sectors [J]. European Planning Studies, 2001, 9 (1): 7-28.

[13] Dan O'Donoghue, Bill Gleave. A Note on Methods for Measuring Industrial Agglomeration [J]. Regional Studies, 2004, 38 (4): 37-41.

[14] David B. Audretsch, Maryann P. Feldman. Innovative Clusters and the Industry Life Cycle [J]. Review of Industrial Organization, 1996, 11 (2): 253-273.

[15] David Keeble, John Bryson, Peter Wood. Small Firms, Business Services Growth and Regional Development in the United Kingdom: Some Empirical Findings [J]. Regional Studies, 1991, 25 (5): 439-457.

[16] Donald W. K. Andrews, Biao Lu. Consistent Model and Moment Selection Procedures for GMM Estimation with Application to Dynamic Panel Data Models [J]. Journal of Econometrics, 2001, 101 (1): 123-164.

[17] Duranton G., Overman H. G. Exploring the Detailed Location Patterns of UK Manufacturing Industries Using Micro-geographic Data [J]. Journal of Regional Science, 2008 (48): 213-243.

[18] Duranton G., Puga D. Nursery Cities: Urban Diversity, Process Innovation, and the Life Cycle of Products [J]. The American Economics Review, 2001, 91 (5): 1454-1477.

[19] Elena-Ivona Dumitrescu, Christophe Hurlin. Testing for Granger Non-Causality in Heterogeneous Panels [J]. Economic Modelling, 2012, 29 (4): 1450-1460.

[20] Fujita M., Thisse J. F. Economics of Agglomeration: Cities, Industrial Location and Regional Growth [M]. New York: Cambridge University Press, 2002.

[21] Fujita M., Henderson V., Kanemoto Y., Mori T. Spatial Distribution of Economic Activities in Japan and China, Handbook of Urban and Regional Economics, [M]. Noord-Holland: North-Holland, 2004.

[22] Gleaser E., Kallal H., Scheinkman J., Shleifer A. Growth in Cities [J]. Journal of Political Economy, 1992, 100 (6): 1126-1152.

[23] Guimaraes P., Figueiredo O. Agglomeration and the Location of Foreign Direct Investment in Portugal [J]. Journal of Urban Economics, 2000, 47 (1): 115-135.

[24] Hadri K. Testing for Stationarity in Heterogeneous Panel Data [J]. The Econometrics Journal, 2000 (3): 148-161.

[25] Hanusch H., Pyka A. Principle of Neo-Schumpeterian Economics [J]. Cambridge Journal of Economics, 2007, 31 (2): 275-289.

[26] Hans Jarle Kind, Karen Helene Midelfart Knarvik, Guttorm Schjelderup. Competing for Capital in a "Lumpy" World [J]. Journal of Public Economics, 2000, 78 (3): 253-274.

[27] Hansen L. Large Sample Properties of Generalized Method of Moments Estimators [J]. Econometrica, 1982 (50): 1029-1054.

[28] Henderson J. V. Marshall' s Scale Economies [J]. Journal of Urban Economies, 2003, 53 (1): 1-28.

[29] Henderson J. V., Kuncoro A., Turner M. Industial Development in Cities [J]. Joural of Political Economy, 1995, 103 (2): 1067-1090.

[30] Henrich J. Cultural Group Selection, Coevolutionary Processes and Large-scale Cooperation [J]. Journal of Economic Behavior & Organization, 2004, 53 (1): 3-35.

[31] Hodgson G. M., Knudsen T. In Search of General Evolutionary Principles: Why Darwinism is too Important to Be Left to the Biologists [J]. Journal of Bioeconomics, 2008, 10 (1): 51-69.

[32] Holtz-Eakin D., Newey W., Rosen H. S. Estimating Vector Autoregressions with Panel Data [J]. Journal of the Econometric Society, 1988 (6): 1371-1395.

[33] Im K., Pesaran M., Shin Y. Test for Unit Roots in Heterogeneous Panels [J]. Journal of Econometrics, 2003 (115): 53-74.

[34] Jun Koo. Agglomeration and Spillovers in a Simultaneous Framework [J]. The Annals of Regional Science, 2005, 39 (1): 35-47.

[35] Keble D., Lawso C., Moore B., Wilkinson F. Collective Learning Process, Networking and "Institutional Thickness" in the Cambridge Region [J]. Regioal Studies, 1999, 33 (2): 295-303.

[36] Kolko J. Agglomeration and Co - agglomeration of Service Industries [N]. MPRA Discussion Paper, No. 3362, 2007.

[37] Krugman P. R. Geography and Trade [M]. London: MIT press. 1991.

[38] Lengyel B., Iwasaki I., Szanyi M. Industry Cluster and Regional Economic Growth [J]. Hitotsubashi Journal of Economics, 2010, 51 (2): 149-167.

[39] Levin A., Lin C. Chu C. Unit Root Tests in Panal Data: Asymptotic and Finite Sample Properties [J]. Journal of Econometrics, 2002 (108): 1-24.

[40] Lundvall B. A. National Systems of Innovation: Towards a Theory of Innovation and Interactive Learning [M]. London: Anthem Press, 1992.

[41] Lydia Greunz. Industrial Structure and Innovation - Evidence from European Regions [J]. Journal of Evolutionary Economics, 2004, 14 (5): 563-592.

[42] Marcon E., Puech F. A Typology of Distance-Based Measures of Spatial Concentration [J]. The Review of Economic Studies, 2013 (72): 56-57.

[43] Marcon E., Puech F. Measures of the Geographic Concentration of Industries: Improving Distance Based Methods [J]. Journal of Economic Geography, 2010 (10): 745-762.

[44] Markusen J. R. Trade in Producer Services and in Other Specialized Intermediate Inputs [J]. American Economic Review, 1989, 79 (3): 85-95.

[45] Mary Amiti. Inter-industry Trade in Manufactures: Does Country Size Mat-

ter? [J]. Journal of International Economics, 1998, 44 (2): 231-255.

[46] Maryann P . Feldman, David B. Audretsch. Innovation in Cities [J]. European Economic Review, 1999, 43 (2): 409-429.

[47] Barlet M. , Briant A. , Crusson L. Location Patterns of Service Industries in France: A Distance-Based Approach [J]. Regional Science and Urban Economics, 2013, 43 (2): 338-351.

[48] Nakajima K. , Saito Y. U, Uesugi I. Measuring Economic Localization: Evidence from Japanese firm-level Data [J]. Journal of the Japanese and International Economies, 2012 (26): 201-220.

[49] Olga Alonso-Villar, Jose-MarIa Chamorro-Rivas, Xulia Gonzalez-Cerdeira. Agglomeration Economies in Manufacturing Industries: The Case of Spain [J]. Applied Economics, 2004, 36 (18): 2103-2116.

[50] Otsuka A. , Yamano N. Industrial Agglomeration Effects on Regional Economic Growth: A Case of Japanese Regions [J]. Regional Economics Applications Laboratory (REAL) WP, 2008 (1): 48-49.

[51] Raffaele Paci, Stefano Usai. Externalities, Knowledge Spillovers and the Spatial Distribution of Innovation [J]. GeoJournal, 1999, 49 (4): 381-390.

[52] Rivera-Batiz, Francisco L. Increasing Returns, Monopolistic Competition, and Agglomeration Economies in Consumption and Production [J]. Regional Science and Urban Economics, 1988, 18 (1): 125-153.

[53] Rosenfeld S. A. Bringing Business Clusters into the Mainstream of Economic Development [J]. European Planning Studies, 1997 (1): 3-23.

[54] Saxenian A. L. Regional Advantantage: Culture and Competition in Silicon Valley and Route [M]. Cambridge: Harvard University Press, 1994.

[55] Scholl T. , Brenner T. Detecting Spatial Clustering Using a Firm-Level Cluster Index [J]. Regional Studies, 2013 (6): 1054-1068.

[56] Schumpeter J. The Theory of Economic Development [M]. Cambridge: Harvard University Press, 1934.

[57] Scott A. J. Flexible Production Systems and Regional Development: The

Rise of New Industrial Spaces In North America and Western EuropeK [J]. International Journal of Urban and Regional Science, 1988, 12 (3): 1551-1563.

[58] Stephen B. Billings, Erik B. Johnson. The Location Quotient as an Estimator of Industrial Concentration [J]. Regional Science and Urban Economics, 2012, 42 (4): 642-647.

[59] Sylvie Charlot, Gilles Duranton. Communication Externalities in Cities [J]. Journal of Urban Economics, 2004, 56 (3): 581-613.

[60] 安虎森. 区域经济学通论 [M]. 北京: 经济科学出版社, 2004.

[61] 安树伟, 常瑞祥. 中国省际经济增长的传递及其机制分析 [J]. 中国软科学, 2016 (11): 74-83.

[62] 安树伟, 张晋晋. 2000 年以来我国制造业空间格局演变研究 [J]. 经济问题, 2016 (9): 1-6.

[63] 安树伟, 张晋晋. 都市圈内中小城市功能提升机理研究 [J]. 区域经济评论, 2020 (1): 117-124.

[64] 白珊. 我国制造业产业集聚和新型城镇化互动发展关系研究 [D]. 重庆: 重庆师范大学, 2018.

[65] 薄文广. 外部性与产业增长——来自中国省级面板数据的研究 [J]. 中国工业经济, 2007 (1): 37-44.

[66] 保罗·克鲁格曼. 地理和贸易 [M]. 北京: 北京大学出版社, 2000.

[67] 毕秀晶, 宁越敏. 长三角大都市区空间溢出与城市群集聚扩散的空间计量分析 [J]. 经济地理, 2013, 33 (1): 46-53.

[68] 蔡武, 吴国兵, 朱荃. 集聚空间外部性、城乡劳动力流动对收入差距的影响 [J]. 产业经济研究, 2013 (2): 21-30.

[69] 蔡秀云, 李雪, 汤寅昊. 公共服务与人口城市化发展关系研究 [J]. 中国人口科学, 2012 (6): 58-65+112.

[70] 柴洪, 李滋婷, 杨林娟. 甘肃省新型城镇化对城乡收入差距的影响研究 [J]. 技术与创新管理, 2020, 41 (1): 91-97.

[71] 常跟应. 区位、制度与我国西部工业空间集聚机制研究——以兰州市

为例［J］. 地域研究与开发，2007（6）：48-52.

［72］常瑞祥，安树伟. 中国生产性服务业的空间聚集与变化——基于285个城市的实证研究［J］. 产经评论，2016，7（6）：39-49.

［73］陈斌. 产业集群与新型城镇化耦合度及其影响研究——以江苏省为例［J］. 科技进步与对策，2014，31（20）：53-57.

［74］陈国亮，陈建军. 产业关联、空间地理与二三产业共同集聚——来自中国212个城市的经验考察［J］. 管理世界，2012（4）：82-100.

［75］陈含桦. "新常态"背景下产业结构高级化、新型城镇化与经济增长——基于省域面板数据的空间计量分析［J］. 商业经济研究，2017（21）：137-141.

［76］陈佳贵，黄群慧，钟宏武. 中国地区工业化进程的综合评价和特征分析［J］. 经济研究，2006（6）：4-15.

［77］陈建军，陈菁菁. 生产性服务业与制造业协调发展研究综述——基于产业及空间层面的解释［J］. 社会科学战线，2011（9）：40-47.

［78］陈健，蒋敏. 生产性服务业与我国城市化发展——产业关联机制下的研究［J］. 产业经济研究，2012（6）：33-41.

［79］陈景新，王云峰. 我国劳动密集型产业集聚与扩散的时空分析［J］. 统计研究，2014，31（2）：34-42.

［80］陈立泰，张洪玮，熊海波. 服务业集聚能否促进城镇化进程——基于中国省际面板数据的分析［J］. 西北人口，2013，34（2）：55-59，65.

［81］陈明星，叶超，陆大道，等. 中国特色新型城镇化理论内涵的认知与建构［J］. 地理学报，2019，74（4）：633-647.

［82］陈思宇. 新型城镇化视角下产城互动机制研究［J］. 成都行政学院学报，2014（1）：88-92.

［83］程大中，黄雯. 中国服务业的区位分布与地区专业化［J］. 财贸经济，2005（7）：73-81，97.

［84］池仁勇，杨潇. 行业集聚度、集聚结构类型与技术进步的动态关系研究：以浙江省制造业为实证［J］. 经济地理，2010，30（12）：2050-2056，2066.

［85］邓泽林．服务业与制造业关联机制与模式研究［D］．武汉：武汉理工大学，2013.

［86］窦银娣，李伯华，刘沛林．旅游产业与新型城镇化耦合发展的机理、过程及效应研究［J］．资源开发与市场，2015，31（12）：1525-1528.

［87］杜忠潮，杨云．区域新型城镇化水平及其空间差异综合测度分析——以陕西省咸阳市为例［J］．西北大学学报（自然科学版），2014，44（1）：141-149.

［88］樊福卓．地区专业化的度量［J］．经济研究，2007（9）：71-83.

［89］樊杰，郭锐．新型城镇化前置条件与驱动机制的重新认知［J］．地理研究，2019，38（1）：3-12.

［90］范剑勇．产业集聚与地区间劳动生产率差异［J］．经济研究，2006（11）：72-81.

［91］樊秀峰，康晓琴．陕西省制造业产业集聚度测算及其影响因素实证分析［J］．经济地理，2013，33（9）：115-119，160.

［92］方创琳，王德利．中国城市化发展质量的综合测度与提升路径［J］．地理研究，2011，30（11）：1931-1946.

［93］方创琳．中国新型城镇化高质量发展的规律性与重点方向［J］．地理研究，2019，38（1）：13-22.

［94］丰晓旭，李勇坚．服务业改革研究回顾与前瞻：1949～2019 年［J］．改革，2020（2）：89-101.

［95］冯严超，王晓红．中国制造业与生产性服务业协同集聚对新型城镇化的影响研究［J］．经济问题探索，2018（11）：66-76.

［96］傅沂，梁利．人口老龄化、科技创新与新型城镇化的关系研究——基于省际面板数据的 PVAR 实证分析［J］．管理现代化，2020（1）：44-48.

［97］傅兆君，陈振权．知识流动与产业空间集聚现象分析［J］．地域研究与开发，2003（3）：5-8+13.

［98］高凯，周志翔，杨玉萍，等．基于 Ripley K 函数的武汉市景观格局特征及其变化［J］．应用生态学报，2010，21（10）：2621-2626.

［99］葛莹，姚士谋，蒲英霞，等．运用空间自相关分析集聚经济类型的地

理格局［J］. 人文地理，2005（3）：21-25.

［100］顾朝林. 中国新型城镇化之路［M］. 北京：科学出版社，2019.

［101］国务院发展研究中心课题组. 中国城镇化前景、战略与政策［M］. 北京：中国发展出版社，2010.

［102］郭志仪，姚敏. 西部工业的地区专业化和地理集中度实证研究［J］. 贵州社会科学，2007（11）：106-111.

［103］韩峰，洪联英，文映. 生产性服务业集聚推进城市化了吗？［J］. 数量经济技术经济研究，2014，31（12）：3-21.

［104］韩云，陈迪宇，王政，等. 改革开放40年城镇化的历程、经验与展望［J］. 宏观经济管理，2019（2）：29-34.

［105］韩长赋. 加快推进农业现代化 努力实现“三化”同步发展［J］. 农业经济问题，2011，32（11）：4-7，110.

［106］郝俊卿，曹明明，王雁林. 关中城市群产业集聚的空间演变及效应分析——以制造业为例［J］. 人文地理，2013，28（3）：96-100，129.

［107］何立峰. 服务业创新发展研究报告［M］. 北京：中国计划出版社，2017.

［108］何章磊. 产业集聚视角下区域物流与新型城镇化协同发展路径研究——以安徽省为例［J］. 安阳工学院学报，2016，15（6）：70-73.

［109］何忠祥，欧向军，叶磊. 基于空间自相关的江苏省县域新型城镇化水平分析［J］. 江苏师范大学学报（自然科学版），2013，31（4）：62-68.

［110］贺灿飞. 演化经济地理研究［M］. 北京：经济科学出版社，2018.

［111］贺灿飞，刘洋. 产业地理集聚与外商直接投资产业分布——以北京市制造业为例［J］. 地理学报，2006（12）：1259-1270.

［112］贺灿飞，潘峰华. 中国城市产业增长研究：基于动态外部性与经济转型视角［J］. 地理研究，2009，28（3）：726-737.

［113］洪银兴，陈雯. 城市化和城乡一体化［J］. 经济理论与经济管理，2003（4）：5-11.

［114］胡安荣，杨明媚. 产业多样化对就业的影响——基于中国省级面板数据的实证研究［J］. 经济问题探索，2016（5）：76-82.

［115］胡际权．中国新型城镇化发展研究［D］．重庆：西南农业大学，2005.

［116］胡健，董春诗．产业集聚测度方法适用条件考辩［J］．统计与信息论坛，2013，28（1）：27-31.

［117］黄乾．中国的产业结构变动、多样化与失业［J］．中国人口科学，2009（1）：22-31，111.

［118］黄庆华，时培豪，胡江峰．产业集聚与经济高质量发展：长江经济带107个地级市例证［J］．改革，2020（1）：87-99.

［119］黄莹．产业专业化、多样化外部性与城市群经济增长［D］．西安：西北大学，2017.

［120］惠宁．产业集群的区域经济效应研究［M］．北京：中国经济出版社，2008.

［121］纪玉俊，李志婷．中国制造业集聚与城镇化的交互影响——基于30个省份面板数据的分析［J］．城市问题，2018（2）：18-24.

［122］贾兴梅，李俊，贾伟．安徽省新型城镇化协调水平测度与比较［J］．经济地理，2016，36（2）：80-86.

［123］贾兴梅．新型城镇化与农业集聚的协同效应［J］．华南农业大学学报（社会科学版），2018，17（2）：1-10.

［124］姜长云．服务业高质量发展的内涵界定与推进策略［J］．改革，2019（6）：41-52.

［125］景普秋，张复明．工业化与城镇化互动发展的理论模型初探［J］．经济学动态，2004（8）：63-66.

［126］类骁，韩伯棠．基于EG指数模型的我国制造业产业集聚水平研究［J］．科技进步与对策，2012，29（8）：43-46.

［127］李金滟，宋德勇．新经济地理视角中的城市集聚理论述评［J］．经济学动态，2008（11）：89-94.

［128］李景海．产业集聚的趋于逻辑与政策转向［M］．北京：经济科学出版社，2016.

［129］李凌妹．金融集聚对新型城镇化作用机理研究［D］．合肥：安徽大

学，2015.

［130］李强，等．多元城镇化与中国发展：战略及推进模式研究［M］．北京：社会科学文献出版社，2013.

［131］李秋颖，方创琳，王少剑，等．山东省人口城镇化与空间城镇化协调发展及空间格局［J］．地域研究与开发，2015，34（1）：31-36.

［132］李松，白洋．新型城镇化发展与县域产业聚集的相关性分析［J］．改革与战略，2014，30（12）：116-118，131.

［133］李太平，钟甫宁，顾焕章．衡量产业区域集聚程度的简便方法及其比较［J］．统计研究，2007（11）：64-68.

［134］李伟军，王春阳．金融集聚对新型城镇化影响的门槛效应［J］．安徽工业大学学报（社会科学版），2018，35（4）：9-12.

［135］李小建，等．经济地理学［M］．北京：高等教育出版社，2018.

［136］李欣．产业转型升级与新型城镇化良性互动的机理与实证研究［D］．长沙：湖南师范大学，2015.

［137］李政通，姚成胜，邹圆，等．中国省际新型城镇化发展测度［J］．统计与决策，2019，35（2）：95-100.

［138］李致平，李菁菁．安徽省新型城镇化评价指标体系构建及水平测度［J］．安徽工业大学学报（社会科学版），2015，32（5）：31-35.

［139］李中．“两型社会”建设背景下湖南新型城镇化路径研究［D］．长沙：中南大学，2014.

［140］厉以宁．中国道路与新城镇化［M］．北京：商务印书馆，2012.

［141］梁华峰．消费性服务业研究综述［J］．中国人口·资源与环境，2014，24（S2）：467-472.

［142］梁琦，钱学锋．外部性与集聚：一个文献综述［J］．世界经济，2007（2）：84-96.

［143］梁琦．产业集聚论［M］．北京：商务印书馆，2004.

［144］梁雯，孙红．基于PVAR模型的中国新型城镇化、物流业以及产业结构动态研究——以长江经济带为例［J］．新疆大学学报（哲学·人文社会科学版），2019，47（4）：9-19.

［145］梁潇．产业结构演变与城市化的互动关系研究［D］．大连：大连理工大学，2010.

［146］刘殿敏．新型城镇化的现实路径探索——对中原经济区发展道路的思考［J］．决策探索（下半月），2012（1）：31-32.

［147］刘妍，朱祖平．产业集聚过程成本动因的博弈分析［J］．科学学与科学技术管理，2004（6）：118-122.

［148］李越．生产性服务业集聚对新型城镇化的影响研究［D］．长沙：湖南大学，2014.

［149］林毅夫，蔡昉，李周．中国的奇迹：发展战略与经济改革［M］．上海：格致出版社，上海人民出版社，2013.

［150］刘斌，魏倩，吕越，祝坤福．制造业服务化与价值链升级［J］．经济研究，2016，51（3）：151-162.

［151］刘军，徐康宁．产业聚集、经济增长与地区差距——基于中国省级面板数据的实证研究［J］．中国软科学，2010（7）：91-102.

［152］刘宁．土地资源约束条件下的中国城市化［J］．经济体制改革，2005（6）：94-97.

［153］刘淑茹，魏晓晓．新时代新型城镇化与产业结构协调发展测度［J］．湖南社会科学，2019（1）：88-94.

［154］刘望辉，张奋勤，刘习平．产业集聚与新型城镇化的关系的实证研究［J］．统计与决策，2015（24）：140-143.

［155］刘文燕．产业集聚：实现新型城镇化的重要途径［J］．中国市场，2014（27）：118-119.

［156］刘习平．中国新型城镇化转型研究——人口、土地与产业三维协调发展的视角［M］．北京：知识产权出版社，2018.

［157］刘志军．论城市化定义的嬗变与分歧［J］．中国农村经济，2004（7）：58-65.

［158］陆根尧，邵一兵，赵丹，等．产业集聚与城市化互动发展的模式、机制及空间结构演化研究［M］．北京：经济科学出版社，2014.

［159］马斌，范瑞．杠杆率监管对我国上市商业银行信用风险的影响——基

于动态面板模型的系统 GMM 估计 [J]. 经济问题，2019 (1)：41-47.

[160] 马延吉．区域产业集聚理论初步研究 [J]. 地理科学，2007 (6)：756-760.

[161] 倪鹏飞．新型城镇化的基本模式、具体路径与推进对策 [J]. 江海学刊，2013 (1)：87-94.

[162] 年猛．农业产业集聚：文献综述及其引申 [J]. 生态经济，2018，34 (5)：93-98.

[163] 宁越敏，杨传开．新型城镇化背景下城市外来人口的社会融合 [J]. 地理研究，2019，38 (1)：23-32.

[164] 牛文元．中国新型城市化报告 2013 [M]. 北京：科学出版社，2013.

[165] 戚莹．安徽省新型城镇化发展的水平测度及驱动机制研究 [D]. 蚌埠：安徽财经大学，2018.

[166] 仇保兴．中国的新型城镇化之路 [J]. 中国发展观察，2010 (4)：56-58.

[167] 仇保兴．中国特色的城镇化模式之辨——“C 模式”：超越“A 模式”的诱惑和“B 模式”的泥淖 [J]. 城市发展研究，2009，16 (1)：1-7.

[168] 邱成利．制度创新与产业集聚的关系研究 [J]. 中国软科学，2001 (9)：101-104.

[169] 邱灵，方创琳．北京市生产性服务业空间集聚综合测度 [J]. 地理研究，2013，32 (1)：99-110.

[170] 任爱莲．产业集聚协调发展与新型城镇化建设 [N]．光明日报，2013-10-25 (011)．

[171] 任英华，游万海，徐玲．现代服务业集聚形成机理空间计量分析 [J]. 人文地理，2011，26 (1)：82-87.

[172] 沈小平．现代服务业区域集聚与创新型产业集群研究 [M]. 北京：经济科学出版社，2017.

[173] 世界银行．2009 年世界发展报告：重塑世界经济地理 [M]. 胡光宇，等，译．北京：清华大学出版社，2009.

[174] 舒小林．旅游业对我国西部地区新型城镇化的影响研究 [D]. 北京：

中央财经大学，2015.

［175］宋泓．中国成为世界制造业中心的条件研究［J］．管理世界，2005（12）：85-94.

［176］宋马林，王舒鸿，黄蓓，等．我国中部六省产业集聚与扩散的空间计量［J］．地理研究，2012，31（3）：534-542.

［177］宋宁，温赛．商贸流通业集聚对新型城镇化的影响及空间溢出效应［J］．商业经济研究，2018（17）：20-22.

［178］宋瑛，廖甍，王亚飞．制造业集聚对新型城镇化的影响研究——基于空间溢出效应的视角［J］．重庆大学学报（社会科学版），2019，25（6）：1-13.

［179］孙久文，叶裕民．区域经济学教程［M］．北京：中国人民大学出版社，2010.

［180］孙晓华，郭旭，张荣佳．产业集聚的地域模式及形成机制［J］．财经科学，2015（3）：76-86.

［181］孙叶飞，夏青，周敏．新型城镇化发展与产业结构变迁的经济增长效应［J］．数量经济技术经济研究，2016，33（11）：23-40.

［182］谭清美，夏后学．市民化视角下新型城镇化与产业集聚耦合效果评判［J］．农业技术经济，2017（4）：106-115.

［183］唐晓华，陈阳，张欣钰．中国制造业集聚程度演变趋势及时空特征研究［J］．经济问题探索，2017（5）：172-181.

［184］唐晓华，陈阳．中国装备制造业全要素生产率时空特征——基于三种空间权重矩阵的分析［J］．商业研究，2017（4）：135-142.

［185］唐晓灵，刘越铭．建筑工业化与新型城镇化互动效应研究——基于耦合协调、协整和 Granger 因果分析［J］．建筑经济，2019，40（3）：23-28.

［186］汪坤．安徽省城镇化与第三产业互动关联及协调发展关系探究［D］．上海：上海社会科学院，2017.

［187］王春阳．金融集聚对新型城镇化的影响研究［D］．马鞍山：安徽工业大学，2018.

［188］王发曾．中原经济区的新型城镇化之路［J］．经济地理，2010，30

(12)：1972-1977.

［189］王弓，叶蜀君．金融集聚对新型城镇化影响的理论与实证研究［J］．管理世界，2016（1）：174-175.

［190］王换娥，孙静，田华杰．我省新型城镇化建设与产业集聚互动研究［J］．现代商业，2012（18）：52-53.

［191］王欢芳，李密，宾厚．产业空间集聚水平测度的模型运用与比较［J］．统计与决策，2018，34（11）：37-42.

［192］王晖．区域经济一体化进程中的产业集聚与扩散［J］．上海经济研究，2008（12）：30-35.

［193］王建康，谷国锋，姚丽，等．中国新型城镇化的空间格局演变及影响因素分析——基于285个地级市的面板数据［J］．地理科学，2016，36（1）：63-71.

［194］王蛟蛟．北京市新型城镇化水平测度与综合评价［D］．北京：首都经济贸易大学，2015.

［195］王缉慈．创新的空间——产业集群与区域发展［M］．北京：科学出版社，2019.

［196］王娟，宋婷婷，胡洋．流通产业集聚对新型城镇化的影响研究——基于省级面板数据的空间计量分析［J］．消费经济，2018，34（6）：32-39.

［197］王俊松，贺灿飞．技术进步、结构变动与中国能源利用效率［J］．中国人口·资源与环境，2009，19（2）：157-161.

［198］王凯，陈明，等．中国城镇化的速度与质量［M］北京：中国建筑工业出版社，2013.

［199］王琦，陈才．产业集群与区域经济空间的耦合度分析［J］．地理科学，2008（2）：145-149.

［200］王为东，陈丽珍，陈健．生产性服务业集聚效应对我国城市化进程的影响研究——基于省级面板数据的实证分析［J］．生态经济，2013（9）：114-115+120.

［201］王新越，秦素贞，吴宁宁．新型城镇化的内涵、测度及其区域差异研究［J］．地域研究与开发，2014，33（4）：69-75.

［202］王新越，宋飏，宋斐红，等．山东省新型城镇化的测度与空间分异研究［J］．地理科学，2014，34（9）：1069-1076.

［203］王亚飞，廖甍，董景荣．“先产后城”抑或“先城后产”？——来自中国省级面板数据的协整分析［J］．重庆师范大学学报（社会科学版），2019（1）：72-81.

［204］王耀中，欧阳彪，李越．生产性服务业集聚与新型城镇化——基于城市面板数据的空间计量分析［J］．财经理论与实践，2014，35（4）：105-110.

［205］王媛玉．产业集聚与城市规模演进研究［D］．长春：吉林大学，2019.

［206］王智勇．产业结构、城市化与地区经济增长——基于地市级单元的研究［J］．产业经济研究，2013（5）：23-34.

［207］王周伟，柳闫．金融集聚对新型城镇化支持作用的空间网络分解［J］．上海师范大学学报（哲学社会科学版），2016，45（2）：45-55.

［208］威廉·配第．政治算数［M］．马妍，译．北京：中国社会科学院出版社，2010.

［209］卫静静．金融集聚视角下的甘肃新型城镇化发展进程研究［J］．金融经济，2015（18）：140-141.

［210］魏后凯．现代区域经济学（修订版）［M］．北京：经济管理出版社，2007：152-186.

［211］魏后凯．走中国特色的新型城镇化道路［M］．北京：社会科学文献出版社，2014.

［212］魏敏，胡振华．区域新型城镇化与产业结构演变耦合协调性研究［J］．中国科技论坛，2019（10）：128-136.

［213］温青青．服务业集聚的专业化与多样化对经济增长的影响研究［D］．南京：东南大学，2017.

［214］文先明，王策，熊鹰，等．湖南省新型城镇化与金融支持的耦合协调发展［J］．经济地理，2019，39（7）：96-105.

［215］吴爱芝，孙铁山，李国平．中国纺织服装产业的空间集聚与区域转移［J］．地理学报，2013，68（6）：775-790.

[216] 吴丰林．城市产业集聚动力与模式研究［M］．北京：知识产权出版社，2017.

[217] 吴丰林，方创琳，赵雅萍．城市产业集聚动力机制与模式研究进展［J］．地理科学进展，2010，29（10）：1201-1208.

[218] 吴宁宁．山东省旅游产业与新型城镇化融合发展研究［D］．青岛：中国海洋大学，2015.

[219] 吴福象，沈浩平．新型城镇化、创新要素空间集聚与城市群产业发展［J］．中南财经政法大学学报，2013（4）：36-42，159.

[220] 吴巧生，陈亮，张炎涛，等．中国能源消费与 GDP 关系的再检验——基于省际面板数据的实证分析［J］．数量经济技术经济研究，2008（6）：27-40.

[221] 吴三忙，李善同．专业化、多样化与产业增长关系——基于中国省级制造业面板数据的实证研究［J］．数量经济技术经济研究，2011，28（8）：21-34.

[222] 吴学花，杨蕙馨．中国制造业产业集聚的实证研究［J］．中国工业经济，2004（10）：36-43.

[223] 吴玉鸣，徐建华．中国区域经济增长集聚的空间统计分析［J］．地理科学，2004（6）：654-659.

[224] 夏芬．生态经济视角下江西省产业集聚与新型城镇化互动发展研究［D］．南昌：南昌大学，2015.

[225] 肖燕．安徽省新型城镇化与产业集聚互动发展研究［J］．商业经济，2014（20）：40-42.

[226] 肖挺，孙苏伟．制造业服务化对国际贸易影响的实证分析——基于 OECD 经济体的研究［J］．宏观质量研究，2020，8（3）：61-70.

[227] 谢婷婷，刘锦华．金融集聚、产业结构升级与新型城镇化——基于空间计量模型和面板门槛模型的实证研究［J］．新疆农垦经济，2018（11）：52-62+71.

[228] 谢治春．制造业集聚与城镇化推进：基于省际面板数据的空间计量分析［J］．当代经济科学，2014，36（4）：20-25+124-125.

[229] 熊彼特．经济发展理论——对于利润、资本、信贷、利息和经济周期的考察［M］．何畏，易家详，等译．北京：商务印书馆，1990.

[230] 熊湘辉，徐璋勇．中国新型城镇化进程中的金融支持影响研究［J］．数量经济技术经济研究，2015，32（6）：73-89.

[231] 熊湘辉，徐璋勇．中国新型城镇化水平及动力因素测度研究［J］．数量经济技术经济研究，2018，35（2）：44-63.

[232] 徐家鹏，张丹．城镇化转型与中国城乡收入差距的收敛［J］．地域研究与开发，2019，38（1）：17-21.

[233] 徐匡迪．中国特色新型城镇化发展战略研究（综合卷）［M］．北京：中国建筑工业出版社，2013.

[234] 徐秋艳，房胜飞，马琳琳．新型城镇化、产业结构升级与中国经济增长——基于空间溢出及门槛效应的实证研究［J］．系统工程理论与实践，2019，39（6）：407-1418.

[235] 许海平，钟茂初．海南省新型城镇化水平测度及指标体系构建［J］．河北科技大学学报（社会科学版），2016，16（1）：15-19.

[236] 续亚萍，俞会新．产业集聚与新型城镇化建设如何良性互动［J］．人民论坛，2014（34）：92-94.

[237] 宣烨．我国服务业地区协同、区域集聚及产业升级［M］．北京：中国经济出版社，2012.

[238] 杨珏婕，刘世梁，赵清贺，等．基于网络 K 函数的西双版纳人工林空间格局及动态［J］．生态学报，2011，31（22）：6734-6742.

[239] 杨仁发．产业集聚与地区工资差距——基于我国 269 个城市的实证研究［J］．管理世界，2013（8）：41-52.

[240] 杨仁发，李娜娜．产业集聚能否促进城镇化［J］．财经科学，2016（6）：124-132.

[241] 杨婉月．推动泉州城市化与产业集聚互动发展［J］．发展研究，2006（11）：42-43.

[242] 杨新刚，张守文，强群莉．安徽省县域城镇化质量的时空演变［J］．经济地理，2016，36（4）：84-91.

[243] 杨占锋，段小梅，向琳．产业结构跨期动态变迁对新型城镇化发展的影响——以成渝城市群为例［J］．资源开发与市场，2019，35（3）：375-381.

[244] 姚德文，孙国锋．产业专业化对城镇化的影响——基于长三角地区1986—2012年的面板数据分析［J］．山西财经大学学报，2016，38（2）：61-76.

[245] 姚立洁．安徽省商业集聚与新型城镇化的互动效应［J］．宿州学院学报，2016，31（7）：4-8.

[246] 于斌斌．产业集聚与城市经济结构变迁：演化机制与实证研究［D］．南京：东南大学，2015.

[247] 于斌斌．产业集聚、结构演化与经济绩效［M］．北京：经济科学出版社，2018.

[248] 余泳泽，潘妍．中国经济高速增长与服务业结构升级滞后并存之谜——基于地方经济增长目标约束视角的解释［J］．经济研究，2019，54（3）：150-165.

[249] 俞思静，徐维祥．金融产业集聚与新型城镇化耦合协调关系时空分异研究——以江浙沪为例［J］．华东经济管理，2016，30（2）：27-33.

[250] 袁丹，雷宏振．产业集聚对生产性服务业效率的影响——理论与实证分析［J］．软科学，2015，29（12）：36-39，59.

[251] 袁丹．产业集聚视角下生产性服务业效率的差异性分析［D］．西安：陕西师范大学，2015.

[252] 曾国平，刘佳，曹跃群．中国服务业发展与城市化关系的区域差异——基于省级面板数据的协整检验［J］．山西财经大学学报，2008（1）：32-37.

[253] 曾国平，吴明娥．服务业的集聚与城市化——基于省级面板数据的空间计量分析［J］．城市问题，2013（12）：55-61.

[254] 曾令华，江群，黄泽先．非农就业增长与城市化进程相关性分析［J］．经济体制改革，2007（1）：100-104.

[255] 张萃，赵伟．产业区域集聚研究：新经济地理学的理论模型和实证命题［J］．人文地理，2011，26（4）：23-28，6.

[256] 张红岩. 新型城镇化和产业集聚区互动发展研究 [J]. 商业时代, 2013 (10): 136-137.

[257] 张建华, 郑冯忆. 服务业结构升级能够推动产业发展吗? ——基于有效结构变化指数 (ESC) 的实证分析 [J]. 改革, 2020 (1): 59-75.

[258] 张建民, 陈梅. 新型城镇化对流通产业发展的促进作用 [J]. 学习与实践, 2014 (7): 55-62.

[259] 张琳彦. 产业集聚测度方法研究 [J]. 技术经济与管理研究, 2015 (6): 113-118.

[260] 张明倩, 臧燕阳, 张琬. 传统贸易理论、新贸易理论和新经济地理框架下的产业集聚现象 [J]. 经济地理, 2007 (6): 956-960.

[261] 张协嵩. 闽侯县发展的新型工业化与新型城镇化双轮驱动研究 [D]. 福州: 福建农林大学, 2010.

[262] 张新芝, 李政通. 新型城镇化与两类区域产业转移: 演化与交互作用机制 [J]. 社会科学研究, 2016 (5): 71-78.

[263] 张颖, 黄俊宇. 金融创新、新型城镇化与区域经济增长——基于空间杜宾模型的实证分析 [J]. 工业技术经济, 2019, 38 (12): 93-101.

[264] 张自然, 魏晓妹. 城市化水平与产业结构演化的国际比较——基于38个国家和地区的数据 [J]. 北京工商大学学报 (社会科学版), 2015, 30 (2): 18-27.

[265] 赵璐, 赵作权. 北京市产业空间圈层结构与布局优化 [J]. 开发研究, 2017 (2): 46-52, 174-177.

[266] 赵瑞雪. 河南省新型城镇化模式研究 [D]. 郑州: 河南农业大学, 2014.

[267] 赵祥. 产业集聚、区域分工与区域经济差距——基于我国经验数据的实证分析 [J]. 江汉论坛, 2013 (12): 71-78.

[268] 赵永平, 徐盈之. 新型城镇化发展水平综合测度与驱动机制研究——基于我国省际2000~2011年的经验分析 [J]. 中国地质大学学报 (社会科学版) (武汉), 2014, 14 (1): 116-124.

[269] 赵永平. 新型城镇化发展水平测度及其时空差异分析 [J]. 西安电子

科技大学学报（社会科学版），2016，26（5）：60-68.

［270］钟顺昌，任媛．产业专业化、多样化与城市化发展——基于空间计量的实证研究［J］．山西财经大学学报，2017，39（3）：58-73.

［271］周海成．我国房地产与新型城镇化互动发展的路径研究［D］．上海：华东师范大学，2013.

［272］周丽萍．中国人口城市化质量研究［D］．杭州：浙江大学，2011.

［273］朱昊．产业集聚、结构转变与经济增长［M］．北京：中国社会科学出版社，2017.